权威解读

中华人民共和国
反不正当竞争法
学习问答

主　编：王　翔
（全国人大常委会法制工作委员会经济法室处长）

中国法制出版社
CHINA LEGAL PUBLISHING HOUSE

撰稿人：

刘泽巍　吕丽萍　陈扬跃　刘 良

目　录

第一章　总　则

第二章　不正当竞争行为

第三章 对涉嫌不正当竞争行为的调查

第四章 法律责任

附录

第一章　总　则

1. 反不正当竞争法的立法目的是什么？

反不正当竞争法的立法目的是：

（1）促进社会主义市场经济健康发展。党的十八届三中全会决定指出，“市场决定资源配置是市场经济的一般规律”，而“建设统一开放、竞争有序的市场体系，是使市场在资源配置中起决定性作用的基础”。竞争是市场经济最基本的运行机制，是市场经济活力的源泉。经营者实施不正当竞争行为，不当地夺取交易机会或者破坏其他经营者的竞争优势，往往会阻碍甚至扭曲市场配置资源作用的发挥，影响市场经济的健康发展。反不正当竞争法立法的首要目的，就是通过对不正当竞争行为的规制，来保障市场机制正常有效运行，促进社会主义市场经济长期健康发展。从世界范围来看，凡是实行市场经济的国家，都把反不正当竞争方面的法律作为规范市场经济关系、促进市场经济发展的基本法律之一。

（2）鼓励和保护公平竞争，制止不正当竞争行为。市场竞争主要表现为对交易机会的争夺，竞争就会出现优胜劣汰，这是市场经济的必然法则。经营者为使自己不在市场竞争中被淘汰，往往会采取各种手段参与竞争，甚至不择手段。反不正当竞争法支持、鼓励和保护经营者通过正当、合理、公平、公正的手段进行竞争，反对、制止和惩处经营者以违反公平诚信原则和商业道德的手段进行不正当竞争。反不正当竞争法通过为经营者提供公平竞争的基本规则，维护公平竞争的市场秩序，使经营者能够在公平的环境和条件下开展竞争，从而使竞争机制的功能得到有效、充分的发挥。

反不正当竞争法与反垄断法同属于竞争法律，共同的目的都是确保市场经济的有效运行。同时，两法的侧重点有所区别：反垄断法重在保护竞争自由，反对排除、限制竞争，解决的是市场中有没有竞争的问题；反不正当竞争法重在保护竞争公平，反对不正当竞争，解决的是市场中的竞争是否公平有序的问题。1993 年制定反不正当竞争法时，反垄断法尚未出台，当时根据实际情况，在该法中除了对不正当竞争行为作出规制外，还作出了一些禁止排除、限制竞争方面的规定，包括第六条（具有独占地位的经营者排除、限制竞争）、第七条（行政机关滥用行政权力排除、限制竞争）、第十一条（经营者以排挤竞争对手为目的倾销商品）、第十二条（经营者违背购买者意愿附加不合理交易条件）等。这次修订反不正当竞争法，进一步厘清了与反垄断法的关系，删去了上述规定。

（3）保护经营者和消费者的合法权益。反不正当竞争法主要调整竞争关系，为经营者依据相同的规则开展竞争提供制度供给。反不正当竞争法对经营者的保护是直接的，既体现在依照本法处理竞争纠纷时维护涉案经营者的合法权益，也体现在通过本法维护公平竞争的市场秩序，使经营者在公平竞争的市场环境中取得经营收益。同时，反不正当竞争法也保护消费者的合法权益。主要体现在通过维护公平竞争的市场秩序，降低经营者的生产经营成本和消费者购买商品时的选择成本，提高消费者福利，维护消费者权益。需要注意的是，反不正当竞争法主要通过规范和调整竞争关系，维护竞争秩序，来实现对消费者权益的保护。据此，对于经营者实施的损害消费者的合法权益但不涉及竞争关系、竞争秩序的行为，不属于本法的调整范围。

2. 经营者在生产经营活动中，应当遵循哪些竞争原则？

本法第二条第一款对经营者在生产经营活动中应当遵循的竞争原则作了规定，包括自愿、平等、公平、诚信，以及遵守法律和商业道德。自愿原则要求经营者尊重交易相对方按照自己的意思行事的权利，不得以胁迫或者利用对方处于危困状态等手段迫使交易相对方接受违背自身意愿的交易。平等原则要求经营者尊重交易相对方的平等地位，在平等协商的基础上达成交易条款，不得利用自己的优势地位向对方施加不当压力。公平原则要求经营者公正、平允地确定自身及交易相对方的权利、义务、责任，各自对等，不能相差悬殊。诚信原则要求经营者秉持善意，讲诚实、重承诺、守信用，不弄虚作假、不欺骗他人。守法原则要求经营者尊法、信法、守法，依法从事生产经营活动，依法维护自身的合法权益。商业道德是从事商业活动应当遵循的道德规范，经营者应当接受商业道德规范的约束，形成良好经营作风，树立良好商业信誉。经营者在生产经营活动中违反上述原则，扰乱市场竞争秩序，损害其他经营者或者消费者权益的，构成不正当竞争行为，将依法承担相应的法律责任。

3. 反不正当竞争法对不正当竞争行为是如何定义的?

本法第二条第二款对不正当竞争行为的定义作了规定。（1）不正当竞争的主体是经营者，即从事商品生产、经营或者提供服务的自然人、法人和非法人组织。（2）不正当竞争的表现形式，是经营者在生产经营活动中实施的违反本法规定、扰乱市场竞争秩序的行为。这里的“违反本法规定”，既包括违反本法第二章关于不正当竞争行为的各项具体规定，又包括违反本法第二条第一款关于竞争原则的规定。也就是说，经营者违反本法第二章的规定，实施混淆仿冒、商业贿赂、虚假宣传、侵犯商业秘密、违法有奖销售、商业诋毁、网络不正当竞争等行为，构成不正当竞争，依法承担相应责任。同时，经营者实施本法第二章明确列举之外的行为，如果属于违反本法第二条第一款规定的诚信原则或者商业道德等，也可能构成不正当竞争，需要承担相应责任。需要注意的是，人民法院处理不正当竞争纠纷时，根据案件的实际情况，既可以适用本法第二章的规定，也可以适用本法第二条关于不正当竞争行为定义的规定（一般条款）；但由于本法没有针对违反"一般条款"设定相应处罚，按照行政处罚法第三条中"没有法定依据的或者不遵守法定程序，行政处罚无效"的规定，行政机关不能适用"一般条款"查处不正当竞争行为。(3）不正当竞争的后果，是损害了其他经营者或者消费者的合法权益。这里的"损害消费者的合法权益"，应理解为经营者实施不正当竞争行为，扰乱了公平竞争的市场秩序，增加了其他经营者的经营成本和消费者的选择成本，进而损害了消费者的福祉和权益。对于经营者实施的损害消费者的合法权益但不涉及竞争关系、竞争秩序的行为，不属于本法规定的不正当竞争行为。

4. 反不正当竞争法对经营者是如何定义的?

本法第二条第三款对经营者进行了界定，即从事商品生产、经营或者提供服务的自然人、法人和非法人组织。本法所规定的经营者，是指独立参与市场活动的各类主体。从主体性质上看包括自然人、法人和非法人组织，从营业性质上看包括生产者、经销者和服务提供者。判断一个主体是否属于本法规定的经营者，关键在于是否作为法律上和经济上独立的行为主体参与市场活动，而不在于具体的组织形式。

5. 反不正当竞争法对各级人民政府的反不正当竞争职责是如何规定的？

本法第三条第一款规定，各级人民政府应当采取措施，制止不正当竞争行为，为公平竞争创造良好的环境和条件。党的十九大报告提出，转变政府职能，深化简政放权，创新监管方式，增强政府公信力和执行力，建设人民满意的服务型政府。各级人民政府应当按照完善社会主义市场经济体制，建立统一、开放、竞争、有序的市场体系的要求，积极转变政府职能，把维护公平竞争的市场环境，保障市场经济健康发展，作为政府工作的重要方面。为此，各级人民政府要积极采取各种措施，制止各类不正当竞争行为，切实维护好公平竞争的市场秩序，为经营者创造良好、宽松的竞争环境和条件，使市场主体处于同一起跑线，在市场竞争中真正做到公平竞争。

6. 为什么要建立反不正当竞争工作协调机制？

本法第三条第二款规定，国务院建立反不正当竞争工作协调机制。其主要职责有两项：一是研究决定反不正当竞争重大政策。建立工作协调机制，有利于对反不正当竞争工作进行统筹规划。通过工作协调机制，可实现从宏观角度出发，综合分析我国市场竞争的总体情况，研究拟定符合我国国情的反不正当竞争方面的重大政策，切实维护公平有序的市场竞争环境。二是协调处理维护市场竞争秩序的重大问题。本法第四条规定，县级以上人民政府履行工商行政管理职责的部门对不正当竞争行为进行查处；法律、行政法规规定由其他部门查处的，依照其规定。由于有多个部门承担反不正当竞争执法职责，既可能出现重复执法，也可能出现执法空白地带，还可能出现不同部门对不正当竞争的认定存在不同认识、在处罚标准和力度方面尺度不一等情况。为保证反不正当竞争执法的统一性、有效性，需要由国务院建立工作协调机制，协调相关部门的执法工作，督促各相关部门按照统一标准、程序做好反不正当竞争执法工作。同时，在对重大反不正当竞争案件的处理上，如果相关部门的意见发生分歧，可以由工作协调机制进行协调，以保证反不正当竞争执法工作的顺利进行。

7. 不正当竞争行为应由哪个部门查处？

不正当竞争行为涉及面广，情况复杂，往往存在于多个行业、多个领域中。对于不正当竞争行为的执法体制，从世界范围来看，主要有两种做法：一种是规定一个部门专门承担不正当竞争行为查处职责，如美国的联邦贸易委员会、日本的公正交易委员会、韩国的公正交易委员会等，这种做法有利于法律得到统一、严格的实施；另一种是规定若干个部门共同承担不正当竞争行为查处职责，如我国台湾地区。台湾地区“公平交易法”中规定公平交易委员会作为执法机构，同时规定，对经营者的竞争行为，“另有其它法律规定者，于不抵触本法立法意旨之范围内，优先适用该其它法律之规定”。

1993 年制定反不正当竞争法时，考虑到我国的实际情况，按照当时的行政管理体制和部门分工，对不正当竞争行为的执法部门作了规定。即根据工商行政管理职能，制止不正当竞争行为，维护市场经济秩序，工商行政管理部门是责无旁贷的。同时，法律、行政法规另有规定，由其他有关部门管的，还是应由有关部门负责。实践中，除本法规定的工商行政管理部门外，一些法律、行政法规作出了由其他部门查处部分不正当竞争行为的规定，如商业银行法、保险法、证券法、政府采购法、旅游法、电影产业促进法、电信条例、《彩票管理条例》《对外承包工程管理条例》等。这次修订反不正当竞争法，维持了原法关于不正当竞争行为查处部门的规定，没有作出实质修改。考虑到需要对多个部门查处不正当竞争行为进行协调，修订后的反不正当竞争法第三条中专门增加了国务院建立工作协调机制的相关规定。需要注意的是，只有在相关法律、行政法规作出明确规定，对特定行业或者领域的不正当竞争行为，由工商行政管理部门以外的其他部门进行调查处理并给予行政处罚的情况下，才可以由其他部门依照相关法律、行政法规的规定进行查处。

8. 如何发挥行业组织在预防和制止不正当竞争行为方面的作用?

本法第五条第三款对发挥行业组织在反不正当竞争方面的自律管理作用作了规定。行业组织是由同一行业经营者组成，以保护和增进全体会员的共同利益为目的，根据章程开展活动的非营利性社会团体。党的十八届四中全会决定提出，“支持行业协会商会类社会组织发挥行业自律和专业服务功能”“发挥社会组织对其成员的行为导引、规则约束、权益维护作用”。随着政府职能的进一步转变，行业组织作为中介组织和自律性行业管理组织，在促进社会主义市场经济健康发展中的作用越来越突出。行业组织应当围绕规范市场竞争秩序，健全各项自律性管理制度，制定并组织实施行业职业道德准则，推动行业诚信建设，依照章程的规定引导、规范会员依法开展公平有序竞争，维护公平竞争的市场环境。

第二章 不正当竞争行为

9. 为什么要就禁止混淆行为作出规定?

在生产经营活动中,经营者应当通过自身努力,提高自己商品或者服务的质量,增加影响力和美誉度,从而提高市场竞争力。但是实践中,有的经营者却不愿意通过自身努力提高市场竞争力,而是试图通过“搭便车”“傍名牌”的方式不劳而获,即通过仿冒他人标识、他人商品标识等,引人将自己的商品误认为是他人商品或者与他人存在特定联系,以借用他人、他人商品的影响力、美誉度提高自己、自己的商品的市场竞争力。上述混淆行为,不但损害了被混淆对象的合法权益,欺骗、误导了消费者,而且扰乱了市场竞争秩序,是一种典型的不正当竞争行为,是有关国际公约和各国竞争法律所重点规制的内容。

《保护工业产权巴黎公约》第十条之二就明确规定,采用任何手段对竞争者的营业所、商品或工商业活动产生混淆性质的一切行为,应当予以禁止。世界知识产权组织对此作了进一步解释：任何商业标识，对来源或出处产生或者可能产生混淆的任何行为常常构成不正当竞争行为。混淆的概念不应限于商业来源或出处的混淆，还应当包括对商业关系的混淆，如有关隶属、附属关系的混淆等。世界主要国家也均对混淆行为作了禁止性规定。例如，德国《反不正当竞争法》规定，为人提供的商品或服务系其他竞争者商品或服务的仿冒品，导致对购买人就商品或服务的企业来源进行欺诈，而这种欺诈是可以避免的，或者不适当地利用或损害被仿冒商品或服务的声誉的，构成不正当竞争的混淆行为。又如，按照美国法学会编撰的《不正当竞争重述》（第三版）第四条的规定，如果行为人做了可能欺骗或者误导潜在消费者的行为，使消费者产生如下误信：（1）行为人的营业是他人的营业；（2）行为人是他人的代理商、分支机构或合伙人；（3）行为人销售的产品或提供的服务是由他人制造、赞助或者批准；那么，该行为人对该他人负有责任。

我国1993年反不正当竞争法第五条对禁止混淆行为作了列举性规定。为适应实践发展需要，此次进一步澄清了混淆行为的概念，以列举加兜底方式对混淆行为进行规制，并删除了其他法律法规、本法其他条款已有明确规定的内容。修改后的条文为第六条，规定如下：

经营者不得实施下列混淆行为，引人误认为是他人商品或者与他人存在特定联系：

（1）擅自使用与他人有一定影响的商品名称、包装、装潢等相同或者近似的标识；

（2）擅自使用他人有一定影响的企业名称（包括简称、字号等）、社会组织名称（包括简称等）、姓名（包括笔名、艺名、译名等）；

（3）擅自使用他人有一定影响的域名主体部分、网站名称、网页等；

（4）其他足以引人误认为是他人商品或者与他人存在特定联系的混淆行为。

10. 认定混淆行为，要把握哪些要点？

认定混淆行为，要把握以下要点：

（1）实施混淆行为的主体是经营者。所谓“经营者”，包括从事商品生产、经营或者提供服务的自然人、法人和非法人组织。

（2）混淆行为的侵害对象是有一定影响的标识。主要包括三类标识。第一类是商品标识，即他人有一定影响的商品名称、包装、装潢等标识。其中既包括使用与他人标识完全相同的标识，也包括使用与他人标识近似的标识；既包括商品标识，也包括服务标识；既包括明确列举的商品名称、包装、装潢，也可以视具体情况包括未明确列举的他人商标、商品形状等。第二类是主体标识，包括企业名称及其简称、字号等，社会组织名称及其简称等，自然人姓名、笔名、艺名、译名等。第三类是网络活动中的一些特殊标识，如他人有一定影响的域名主体部分、网站名称、网页等。需要特别强调的是，反不正当竞争法第六条规范的是经营者的不正当竞争行为，经营者用于实施混淆行为的标识应当是用于生产经营活动的商业标识；但是，该条并未要求被混淆对象一定是商业标识，即经营者不但不能仿冒他人用于生产经营活动的有一定影响的标识，也不得仿冒他人虽未用于生产经营活动但也有一定影响的标识（例如公益网站名称）。

同时，为规范今后可能出现的其他混淆行为，反不正当竞争法第六条还规定了兜底条款，即“其他足以引人误认为是他人商品或者与他人存在特定联系的混淆行为”，其中特别强调适用兜底条款应当慎重，即仅在其行为“足以”引人误认为是他人商品或者与他人存在特定联系时，才构成该条规定的混淆行为。

（3）从事混淆行为的方式是“擅自使用”。首先，“擅自使用”是指未经权利人同意的使用。如果经权利人同意后使用，则不构成混淆行为，例如，通过签订协议取得商业标识使用权，通过赞助取得社会组织的冠名授权，请明星代言等。其次，“擅自使用”不限于以相同或者近似的方式使用。例如，不仅将他人有一定影响的商品名称用作自己的商品名称可能构成混淆行为，将他人有一定影响的商品名称用作自己的字号也可能构成混淆行为。

（4）混淆结果是引人误认为是他人商品或者与他人存在

特定联系。是否混淆，最终要从结果上进行判断。其中，“引人误认”一般以相关公众（即相关领域的普通消费者，区别于专业人士、无关人员）以与商品价值相适应的一般注意力对商品形成的整体印象来判断。混淆的结果包括两种：一种是商品来源混淆，即将经营者的商品误认为是他人商品；另一种是特定联系混淆，即误以为该经营者或者其商品与被混淆对象存在商业联合、许可使用、商业冠名、广告代言等特定关系。

11. 什么样的标识才受禁止混淆行为的规定保护？

只有在相关领域“有一定影响”的标识，才受反不正当竞争法第六条关于禁止混淆行为的规定保护。此次修改过程中，对是否要求被混淆对象在相关领域有一定影响（即为相关公众所知悉，1993 年反不正当竞争法第五条个别列举项中称为“知名”），有关方面存在不同意见。一种意见认为，巴黎公约第十条之二禁止以任何手段对竞争者的营业所、商品或工商业活动产生混淆性质的一切行为，并未要求被混淆对象在相关领域有一定影响；不论被混淆对象是否在相关领域有一定影响，只要导致引人误认为是他人商品或者与他人存在特定联系，都构成混淆。另一种意见认为，经营者要达到“搭便车”“傍名牌”的目的，所选择的被混淆对象一般都是在相关领域有一定影响的标识；如果标识在相关领域没有一定影响，也不可能造成混淆；对此，司法实践中已有共识，也形成了比较成熟的判断标准。因此，此次修改采纳了后一种意见，明确规定，被混淆对象限于他人“有一定影响”的标识。

12. 为什么要就禁止商业贿赂作出规定？

在生产经营活动中，经营者应当通过提高劳动生产率、降低商品价格、提高商品质量、改进售后服务等方式，取得交易相对方的认可，以赢得交易机会或者竞争优势。但是，有的经营者通过商业贿赂的方式不当谋取交易机会或者竞争优势，排挤了其他竞争者的交易机会，扭曲了公平竞争的市场机制，扰乱了市场竞争秩序，是典型的不正当竞争行为，应当予以明确禁止。

我国 1993 年反不正当竞争法第八条对禁止商业贿赂作了规定，此次作了进一步修改完善，主要是对商业贿赂的对象作了系统梳理，并突出强调了商业贿赂的本质特征。修改后的条文为第七条，规定如下：

经营者不得采用财物或者其他手段贿赂下列单位或者个人，以谋取交易机会或者竞争优势：

（1）交易相对方的工作人员；

（2）受交易相对方委托办理相关事务的单位或者个人；

（3）利用职权或者影响力影响交易的单位或者个人。

经营者在交易活动中，可以以明示方式向交易相对方支付折扣，或者向中间人支付佣金。经营者向交易相对方支付折扣、向中间人支付佣金的，应当如实入账。接受折扣、佣金的经营者也应当如实入账。

经营者的工作人员进行贿赂的，应当认定为经营者的行为；但是，经营者有证据证明该工作人员的行为与为经营者谋取交易机会或者竞争优势无关的除外。

13. 认定商业贿赂行为，要把握哪些要点?

认定商业贿赂行为，要把握以下要点：

（1）进行商业贿赂的主体是经营者。反不正当竞争法第七条所称“经营者”，包括从事商品生产、经营或者提供服务商品的自然人、法人和非法人组织。

（2）进行商业贿赂的目的是谋取交易机会或者竞争优势。只有以谋取交易机会或者竞争优势为目的进行的贿赂行为，才可能构成反不正当竞争法调整的商业贿赂行为，这是商业贿赂区别于一般贿赂的本质特征。获取“交易机会”是指经营者通过商业贿赂，取得或者增加与交易相对方达成交易的可能性，这种可能性既包括完成交易事项的可能性，也包括达成交易意向的可能性。获取“竞争优势”是指经营者通过商业贿赂，取得相对于其竞争者（包括直接竞争者和潜在竞争者）的优势地位。“竞争优势”的表现形式既可以是促成行贿人的特定交易，也可以是阻碍其竞争者的特定交易，还可以是在特定领域形成行贿人的排他权、优先权、市场优势地位等。

（3）商业贿赂的手段既包括财物，也包括其他手段。不论是财物，还是其他手段，只要对受贿人有价值，都可能被用于进行商业贿赂。实践中，“其他手段”不可胜数，例如，免费或者以不合理低价向受贿人提供旅游接待、房屋装修、汽车使用权，为受贿人亲属安排出国学习、提供工作机会，性贿赂等。商业贿赂的具体行贿方式也是花样繁多，既有实际给予，也有许诺给予；既有事前给予，也有事后给予；既有为实现特定目的而相应给予，也有为谋求长期勾结、远期利益而多次、反复给予；既有行贿人亲自给予，也有通过第三人给予；等等。

（4）商业贿赂的对象包括三类主体。第一类是交易相对方的工作人员，一般是因其在交易相对方中担任的职务（例如公司高级管理人员），或者因其受交易相对方指派办理相关事务（例如公司采购人员、超市货架陈列人员），而能够帮助行贿人谋取交易机会或者竞争优势。第二类是受交易相对方委托办理相关事务的单位或者个人，例如交易相对方的代理人、受托人等，因其所受的委托，而能够帮助行贿人谋取交易机会或者竞争优势。第三类是利用职权或者影响力影响交易的单位或者个人。这类主体一般独立于交易双方，且与需办理的相关事务不存在直接关系，只是因其职权或者影响力而能够影响交易相对方的经营决策，或者影响交易相对方的工作人员、受托人的行为，从而能够帮助行贿人谋取交易机会或者竞争优势。这种职权或者影响力最典型的是来自于国家机关、国有企业及其工作人员。例如，国家机关及其工作人员既可能利用自己的职权影响交易，也可能利用自己对其他国家机关工作人员的影响力影响交易；国有企业及其工作人员可能利用其对下属公司、企业的人事任免、业绩考核权而影响交易。

14. 怎样看待经营者的工作人员的商业贿赂行为?

经营者通过其工作人员进行的商业贿赂行为，应当认定为经营者的行为。此次修改过程中，有的经营者提出，有时候经营者的工作人员为完成销售指标、获取业务提成、实现职务升迁等个人目的，也可能进行商业贿赂，不应当将工作人员的商业贿赂行为一律认定为经营者的行为。只要经营者制定了严格的反商业贿赂规章制度，对工作人员进行了必要的管理培训，即应免除其责任。但是，多数意见认为，经营者对其工作人员负有管理义务。绝大多数情形下，经营者的工作人员进行商业贿赂，都直接或者间接地为经营者谋取了交易机会或者竞争优势。因此，原则上经营者都应当为工作人员的商业贿赂行为承担责任。实践中，有的经营者形式上制定了反商业贿赂规章制度、进行了管理培训，但在营销方式、薪酬制度、升迁规则设计上放任工作人员进行商业贿赂，事后又以属于工作人员个人行为为由逃避责任，对此应当重点规范。综合上述两方面意见，反不正当竞争法第七条第三款一方面明确规定，经营者的工作人员进行贿赂的，应当认定为经营者的行为；另一方面又为经营者提供了反证机会，即经营者有证据证明该工作人员的行为与为经营者谋取交易机会或者竞争优势无关的（例如为他人谋取交易机会或者竞争优势），不应当认定为经营者的行为。

15. 经营者谋取正当交易机会，是否可能构成商业贿赂?

不论经营者谋取的是不正当的交易机会或者竞争优势（例如，经营者的竞争力弱于其竞争者，按照正常市场规律必然无法取得交易机会），还是正当的交易机会或者竞争优势（例如，经营者的竞争力强于其竞争者，按照正常的市场规律本应取得交易机会），都可能构成商业贿赂。

16. 怎样区分商业贿赂和合法的折扣、佣金?

经营者在交易活动中，可以以明示方式向交易相对方支付折扣，或者向中间人支付佣金。所谓“折扣”，即商品购销中的让利行为，是指经营者在销售商品时，以明示并如实入账的方式给予对方的价格优惠。折扣可以是支付价款时对价款总额按一定比例即时予以扣除（例如，对购买满一定金额、数量的，当场给予打折），也可以是支付价款总额后再按一定比例予以退还（例如，对完成年度销售指标的，年末给予返点）。所谓“佣金”，是指中间人在商业活动中，因代买、代卖或者介绍买卖而收取的劳务报酬。在认定“佣金”时，要重点考察“中间人”是否为经营者提供了符合商业惯例的劳务，经营者所支付的佣金是否严重偏离其所提供的劳务等，以便与介绍贿赂人、实际受贿人的代理人相区分。

为防止以折扣、佣金为名，行商业贿赂之实，反不正当竞争法第七条第二款对合法的折扣、佣金设置了两个条件：一是，要以明示方式进行；二是，要如实入账，不但经营者向交易相对方支付折扣、向中间人支付佣金应当如实入账，而且接受折扣、佣金的经营者也应当如实入账。如果经营者账外、暗中给予交易相对方、中间人财物或者其他利益，就不属于合法的折扣、佣金；如果交易相对方、中间人收到折扣、佣金后，没有入账，或者虽然入账但没有按照会计制度的规定记入相应收入科目，而是记入其他收入科目，也不属于合法的折扣、佣金。

17. 反不正当竞争法是否调整受贿行为？

反不正当竞争法第七条只调整经营者通过商业贿赂获取交易机会或者竞争优势的不正当竞争行为，即行贿行为。对受贿行为，如交易相对方的工作人员、受交易相对方委托办理相关事务的单位或者个人违反其对交易相对方的忠诚义务的行为，其他单位或者个人滥用职权或者影响力不当影响交易的行为，不属于反不正当竞争法调整的不正当竞争行为，应当由刑法、公司法等其他法律相应调整。

18. 为什么要就禁止虚假宣传作出规定?

经营者进行商业宣传，向消费者提供商品、服务信息，是消费者作出购买选择的重要参考，有利于培养消费习惯、创造消费需求，建立、提升经营者及其商品、服务的形象，帮助经营者增加销量、扩大利润、促进市场竞争。但是，有的经营者对其商品作虚假或者引人误解的商业宣传，欺骗、误导了消费者，不当抢夺了其他经营者的交易机会，违反了诚实信用原则，扰乱了市场竞争秩序，属于典型的不正当竞争行为，应当予以禁止。

虚假宣传是国际条约明确禁止的不正当竞争行为。《保护工业产权巴黎公约》第十条之二规定，在经营商业中，使用会使公众对商品的性质、制作方法、特征、用途或数量易于产生误导作用的表示或陈述的，应当予以禁止。世界知识产权组织对此作了进一步阐释：凡在工商业活动中对企业或其活动，尤其对由此种企业所提供的产品或服务，作出的误导或可能误导公众的行为或做法，应构成不正当竞争的行为。

世界主要国家和地区也都有关于禁止虚假宣传的规定。例如，德国《反不正当竞争法》规定，商业行为包含关于商品或服务的主要特征（如规格样式、用途、优缺点、售货服务），销售的动机（如价格优惠、计价方式），企业的员工、性质或者权利（如知识产权、奖章或荣誉），消费者的权利等的不真实的或足以导致欺骗的宣传的，构成误导性的商业行为。加拿大《竞争法》规定，任何人不得为直接或间接促进某种产品的供应或使用，或为直接或间接促成某种商业利益，以任何方式故意地或不计后果地向公众对有关该产品实质性内容进行虚假或误导性的陈述。

我国 1993 年反不正当竞争法第九条对禁止虚假宣传作了规定。此次根据实践发展变化作了进一步修改完善，主要是删除了关于禁止虚假广告的内容，对电子商务领域通过虚假交易进行虚假宣传问题作出特别规定，明确了虚假宣传的形式是虚假或者引人误解的商业宣传，结果是欺骗、误导消费者。修改后的条文为第八条，规定如下：

经营者不得对其商品的性能、功能、质量、销售状况、用户评价、曾获荣誉等作虚假或者引人误解的商业宣传，欺骗、误导消费者。

经营者不得通过组织虚假交易等方式，帮助其他经营者进行虚假或者引人误解的商业宣传。

19. 认定虚假宣传，要把握哪些要点？

认定虚假宣传，需要把握以下要点：

（1）反不正当竞争法第八条规范的是经营者进行的商业宣传活动

首先，要将经营者以营利为目的进行的商业宣传活动与非商业宣传活动相区分，后者如政府部门的普法宣传，社会组织的公益宣传，等等。其次，商业宣传包括商业广告，但是商业广告已经有专门的广告法规范，因此，反不正当竞争法第二十条第二款明确规定，经营者违反第八条规定，属于发布虚假广告的，依照广告法的规定处罚。商业广告相较于其他商业宣传的特殊性在于，广告必须通过一定的媒介和形式进行。例如，通过广播、电视、报纸、期刊、印刷品、电话、互联网、户外广告等媒介和形式进行的宣传，属于商业广告；在营业场所内对商品进行演示、说明，上门推销，召开宣传会、推介会等形式，属于商业广告之外的商业宣传。

（2）虚假宣传的对象是经营者的商品或者服务的相关信息

反不正当竞争法中所称的商品包括服务。对商品或者服务的相关信息应当作广义理解，既可以包括关于商品或者服务的自然属性的信息（例如，商品的性能、功能、产地、用途、质量、成分、有效期限等，服务的标准、质量、时间、地点等），也可以包括商品的生产者、经营者、服务提供者的信息（例如，资质、资产规模、曾获荣誉，与知名企业、知名人士的关系等），还可以包括商品的市场信息（如价格、销售状况、用户评价等）。由于列举无法穷尽，第八条择要列举了商品的性能、功能、质量、销售状况、用户评价、曾获荣誉，同时用“等”字兜底，保证其广泛适用性。

（3）形式上，虚假宣传的内容虚假或者引人误解

内容虚假，即内容不真实，与实际情况不符。例如，宣传药品包治百病，将国内小作坊产品宣传为国外知名企业产品，将提供服务的普通工人宣传为国家高级技师，将“三无”产品宣传为拿过若干国际国内大奖等。内容引人误解，一般是指内容中使用含糊不清、有多重语义的表述，或者表述虽然真实，但是仅陈述了部分事实，让人引发错误联想。例如，宣传“瑞士进口全机械机芯手表”，既可以理解成机芯是瑞士进口的，又可以理解成手表是瑞士进口的；又如，宣传产品含有珍贵物质，该物质对人体特别有益，但实际上该产品中珍贵物质含量极低，消费者使用该产品不足以获得所宣称的益处。

（4）效果上，虚假宣传造成了欺骗、误导消费者的客观后果，或者有欺骗、误导消费者的可能性

此处的“消费者”，既包括购买了广告商品或者服务的实际消费者，又包括可能购买广告商品或者服务的潜在消费者。在认定是否构成欺骗、误导消费者时，要注意两点：一

是，要考虑该虚假宣传是否对购买行为有实质性影响。如果信息虽然不真实，但对购买决策没有实质性影响的，不宜认定为虚假宣传。例如，某商场宣称“十周年店庆，三折特惠”，实际上该店营业仅九年，该信息虽然不真实，但对消费者购买决策有实质性影响的是优惠力度，不是营业年限，不宜对其按照虚假宣传进行处罚。二是，要与夸张的艺术表达相区分。有的宣传内容虽然虚假，但正常的消费者能够正确理解其含义，不会真正欺骗、误导消费者的，不构成虚假宣传。例如，某化妆品宣传“今年二十，明年十八”，虽然现实中不可能实现，但是消费者都知道这是夸张的表现方法，不会被欺骗或者误导，上述宣传不应被认定为虚假宣传。

20. 怎样规制电子商务领域“刷单炒信”行为？

目前电子商务领域利用虚假交易进行虚假宣传的情况较为普遍，有的网店通过虚假交易给自己虚构成交量、交易额、用户好评，以吸引消费者点击、购买，不当谋取交易机会或者竞争优势（即“刷单炒信”）。为满足这一需求，还有经营者专门组织大量人员为网店提供刷单炒信服务，帮助网店进行虚假宣传，以牟取不正当利益，甚至形成黑色产业链。

此次修改针对上述情况作了专门规定：一是，特别强调经营者不得对其商品的“销售状况”“用户评价”等作虚假或者引人误解的商业宣传，欺骗、误导消费者。这一规定主要针对互联网领域刷单炒信问题，同时也可以适用于其他领域。例如，有的经营者雇佣他人假扮消费者在店门口排队购物、传播好口碑，伪造其商品热销假象，欺骗、误导消费者购买的，也可以适用这一规定。二是，增加一款规定，经营者不得通过组织虚假交易等方式，帮助其他经营者进行虚假或者引人误解的商业宣传。需要强调的是，这是关于禁止帮助他人进行虚假宣传的规定，既明确禁止目前最突出的经营者通过组织虚假交易的方式帮助其他经营者进行虚假宣传，又用“等”字兜底，为规范今后可能出现的其他帮助情形留出空间。在经营者通过组织虚假交易的方式帮助其他经营者进行虚假宣传这一情形中，规制的是帮助行为的组织者，不包括虚假交易的普通参与者。

21. 为什么要就禁止侵犯商业秘密作出规定?

对商业秘密给予保护，是有关国际公约和各国法律的普遍做法。《与贸易有关的知识产权协定》第三十九条规定，自然人和法人应有可能防止其合法控制的信息在未经其同意的情况下以违反诚实商业行为的方式向他人披露，或被他人取得或使用，只要此类信息：（1）因属秘密，即作为一个整体或就其各部分的精确排列和组合而言，该信息尚不为通常处理所涉信息范围内的人所普遍知道，或不易被他们获得；（2）因属秘密而具有商业价值；（3）由该信息的合法控制人，在此种情况下采取合理的步骤以保持其保密性。世界主要国家和地区的法律中一般也都对保护商业秘密作了规定，但在具体方式上有所差异：有的主要通过反不正当竞争法保护，例如德国、日本、韩国；有的主要通过知识产权法保护，例如法国、意大利；有的主要通过普通法上的违反保密义务之诉保护，例如澳大利亚、加拿大；有的制定了专门的商业秘密保护法，例如美国的《统一商业秘密法》、欧盟的《商业秘密保护指令》。

我国1993年反不正当竞争法第十条对禁止侵犯商业秘密作了规定。此次根据实践发展变化作了进一步修改完善，主要是，完善了商业秘密的定义，对员工、前员工参与侵犯商业秘密问题作了进一步梳理。修改后的条文为第九条，规定如下：

经营者不得实施下列侵犯商业秘密的行为：

（1）以盗窃、贿赂、欺诈、胁迫或者其他不正当手段获取权利人的商业秘密；

（2）披露、使用或者允许他人使用以前项手段获取的权利人的商业秘密；

（3）违反约定或者违反权利人有关保守商业秘密的要求，披露、使用或者允许他人使用其所掌握的商业秘密。

第三人明知或者应知商业秘密权利人的员工、前员工或者其他单位、个人实施前款所列违法行为，仍获取、披露、使用或者允许他人使用该商业秘密的，视为侵犯商业秘密。

本法所称的商业秘密，是指不为公众所知悉、具有商业价值并经权利人采取相应保密措施的技术信息和经营信息。

22. 如何界定商业秘密？

反不正当竞争法第九条所称的商业秘密，是指不为公众所知悉、具有商业价值并经权利人采取相应保密措施的技术信息和经营信息。认定商业秘密，需要把握以下要件：

（1）该信息不为公众所知悉，即具有秘密性。这种秘密性是相对的。一个经营者的独门秘方可能是商业秘密；几个经营者分头研发得到的相同技术成果，只要其他多数经营者不掌握，也可能分别构成商业秘密。但是，如果该信息是所属领域相关人员普遍知悉或者容易获得的，就不属于商业秘密，例如，该信息是其所属领域的一般常识或者行业惯例；该信息已经通过出版物、媒体、报告会、展览等形式公开；该信息仅涉及产品的尺寸、结构、材料、部件的简单组合，进入市场后所属领域相关人员通过简单观察即可直接获得；等等。

（2）该信息具有商业价值。首先，具有商业价值，是指该信息能够给经营者带来经济利益或者竞争优势。其次，具有商业价值的信息，可以是能够带来直接的、现实的经济利益或者竞争优势的信息，例如，可以马上投入生产的产品配方、技术改良方案；也可以是能够带来间接的、潜在的经济利益或者竞争优势的信息，例如，证明某些思路不可行的科研资料，可以帮助经营者调整研发思路、缩短研发周期、降低研发成本。

（3）权利人采取了相应保密措施。首先，保密措施的方式是多种多样的，例如，制定保密规则，向员工提出保密要求，与员工签订保密协议，向员工支付保密费，对涉密信息采取加密、加锁、加保密提示、限定知悉范围、控制接触人群等措施。其次，保密措施应当与商业秘密的商业价值、独立获取难度等因素“相应”。商业秘密的价值越大，他人通过独立研发、反向工程获取的难度越大，经营者就有义务采取越严格的保密措施，例如，如果可口可乐公司仅口头要求员工对其配方保密，很难说其尽到了保密义务。如果商业秘密价值较小，他人独立获取难度不大，对经营者提出过高的保密要求，则不具有经济合理性。

（4）该信息应当是技术信息或者经营信息。对二者应当作广义理解。“技术信息”可以包括产品配方、设计方案、加工工艺、操作手法、控制程序、制作方法等信息。“经营信息”可以包括客户信息（名称、地址、联系方式以及交易记录、交易习惯、交易意向等）、货源情报、产销策略、招投标中的标底及标书内容等信息。

23. 如何看待员工侵犯商业秘密问题？

反不正当竞争法第九条规范的侵犯商业秘密的主体是经

营者，包括从事商品生产、经营或者提供服务商品的自然人、法人和非法人组织。

此次修改过程中，有的意见提出，员工、前员工侵犯商业秘密，在商业秘密案件中占较大比例，建议对此作出特别规定。在反不正当竞争法中能否规范、如何规范员工、前员工侵犯商业秘密问题，仍然要从对市场竞争的影响角度，区分不同情形加以考虑：一是，如果员工、前员工违法获取商业秘密，或者违反保守商业秘密的约定，自己将该商业秘密用于生产经营活动，员工、前员工自己就成为“经营者”，构成对商业秘密权利人的不正当竞争，可以适用该条第一款的规定。二是，如果员工、前员工受第三人（其他经营者）指使、贿赂、欺诈、胁迫等，将经营者的商业秘密交给第三人用于生产经营活动，该第三人属于以贿赂、欺诈、胁迫或者其他不正当手段获取权利人的商业秘密，可以适用该条第一款的规定。三是，如果员工、前员工自己违法获取商业秘密后，或者违反保守商业秘密的约定，将商业秘密交给第三人用于生产经营活动，且第三人明知存在上述违法行为的，第三人视为侵犯商业秘密，可以适用该条第二款的规定。四是，如果员工、前员工违法获取商业秘密，或者违反保守商业秘密的约定，为破坏商业秘密权利人的竞争优势而披露该商业秘密，只要其自己、与其存在共同故意的第三人与权利人存在竞争关系，也构成对商业秘密权利人的不正当竞争，可以适用该条规定。五是，如果员工违法获取商业秘密后，未用于生产经营活动，也未披露，则一般不会对市场竞争造成影响，不构成对商业秘密权利人的不正当竞争，不宜适用该条规定。

需要强调的是，对员工、前员工侵犯商业秘密问题，要从我国法律体系的整体上来认识：一是，劳动法、劳动合同法都规定，用人单位与劳动者可以在劳动合同中约定保守用人单位的商业秘密的事项；劳动者违反劳动合同中约定的保密事项，对用人单位造成经济损失的，应当依法承担赔偿责任。不论员工是否自己或者交由他人将商业秘密用于生产经营活动，都应当依照劳动法、劳动合同法等法律承担侵犯商业秘密的法律责任。二是，民法总则第一百二十三条将商业秘密列入知识产权客体，员工、前员工侵犯商业秘密的，还可以适用侵权责任法的有关规定。三是，刑法第二百一十九条还对侵犯商业秘密罪作了规定，员工、前员工侵犯商业秘密，构成犯罪的，还可以据此追究其刑事责任。

24. 侵犯商业秘密有哪些情形?

反不正当竞争法第九条规定了构成侵犯商业秘密的四种情形：

一是经营者以不正当手段获取权利人的商业秘密，方式包括盗窃、贿赂、欺诈、胁迫或者其他手段。例如，派出商业间谍盗窃权利人的商业秘密，通过侵入权利人电脑网络系统盗窃权利人的商业秘密，通过提供财物、高薪聘请、人身威胁、制造把柄等方式诱惑、骗取、胁迫权利人的员工为其获取商业秘密等。以不正当手段获取商业秘密的手段难以穷尽列举，因此用“其他手段”兜底。

二是经营者非法获取商业秘密后，非法使用该商业秘密，方式包括披露、自己使用或者允许他人使用。“披露”，是指将权利人的商业秘密公开，以破坏权利人的竞争优势。自己使用或者允许他人使用该商业秘密，都是利用权利人的商业秘密为自己牟取了竞争优势或者经济利益。

三是经营者违反约定或者违反权利人有关保守商业秘密的要求，披露、使用或者允许他人使用其所掌握的商业秘密。这一违法行为与前两种违法行为的区别在于，经营者获取权利人的商业秘密本身是合法的，例如，经营者通过与权利人签署合作协议取得商业秘密，权利人的员工、前员工因参与研发、生产知悉商业秘密；但是，如果上述主体与权利人存在保守商业秘密的约定，或者权利人对保守商业秘密提出了要求，上述主体违反约定、要求披露、使用或者允许他人使用其所掌握的商业秘密，就构成侵犯商业秘密。

四是第三人（即其他经营者）明知或者应知商业秘密权利人的员工、前员工或者其他单位、个人实施前述违法行为，仍获取、披露、使用或者允许他人使用该商业秘密的，视为侵犯商业秘密。适用这一规定要满足以下要件：第一，商业秘密权利人的员工、前员工或者其他单位、个人有前三种侵犯商业秘密的违法行为，而将该商业秘密交给第三人使用。即来源违法是认定第三人后续行为违法的前提。第二，第三人的主观状态限于“明知或者应知”。其中，“明知”是指明明知道，即第三人的主观状态就是知道，其行为存在故意。“应知”是指应当知道，即第三人主观状态虽然不知道，但是从客观情况上判断，只要尽到必要、合理注意义务的人都应当知道，其行为存在过失。如果第三人使用该信息时，不知道、不应当知道该信息是他人的商业秘密、上述人员给予其该信息违反了法律规定或者与权利人关于保守商业秘密的约定，则不构成侵犯商业秘密。第三，第三人的行为表现是仍获取、披露、使用或者允许他人使用该商业秘密。如果知道商业秘密来源违法后即停止使用，则不构成侵犯商业秘密。

25. 为什么要就禁止违法有奖销售作出规定?

有奖销售是经营者参与市场竞争的一种常用手段。经营者通过有奖销售，吸引消费者，可以增加市场交易，活跃市场竞争。但是，有的经营者在有奖销售过程中欺骗、误导、不当诱惑消费者，也可能扰乱市场竞争机制，损害消费者或者其他经营者的合法权益，构成不正当竞争。因此，有必要对有奖销售作出规范。

我国 1993 年反不正当竞争法第十三条对有奖销售作了规定。此次根据实践发展变化，对有奖销售的禁止性情形作了调整，并将抽奖式有奖销售的最高奖金额上限由五千元调整为五万元。修改后的条文为第十条，规定如下：

经营者进行有奖销售不得存在下列情形：

（1）所设奖的种类、兑奖条件、奖金金额或者奖品等有奖销售信息不明确，影响兑奖；

（2）采用谎称有奖或者故意让内定人员中奖的欺骗方式进行有奖销售；

（3）抽奖式的有奖销售，最高奖的金额超过五万元。

26. 什么是有奖销售？

所谓有奖销售，是指经营者销售商品或者提供服务，附带性地向购买者提供物品、金钱或者其他经济上的利益的行为。实践中，有奖销售的奖品是多种多样的，可能是金钱、实物、服务机会、购物折扣等；在网络世界，还可能是会员权限、虚拟货币、视频播放时间、虚拟游戏装备等。有奖销售的奖励形式也是多种多样的，其中，既有奖励所有购买者的附赠式有奖销售，也有奖励部分购买者的抽奖式有奖销售；既有到店即送等不附特殊条件的奖励，也有满足一定购物金额、消费次数要求才能享受的附条件的奖励；既有随时领取的奖励，也有附兑换期限的奖励；等等。

27. 哪些情形属于违法有奖销售?

反不正当竞争法第十条明确禁止经营者进行有奖销售时存在下列情形:

(1) 有奖销售信息不明确，影响兑奖

实践中，有的经营者既想通过有奖销售吸引消费者，又不想支付太高的促销费用，往往故意对所设奖的种类、兑奖条件、奖金金额或者奖品等信息不作明确清晰的表述，在消费者兑奖时制造困难，使消费者无法实际获得可以合理期待的奖励。例如，宣称“买一赠一”，实际上买一双鞋赠送一双鞋垫；宣称“来店有礼”，实际上数量有限，或者消费满一定金额才能获得；宣称买汽车保险赠送汽车养护，实际上限定由特别偏远的门店、仅在特定时段提供服务；宣称所设奖品总价值百万元，实际上虚标奖品价格；宣称赠送时尚电子产品，实际上赠送老旧滞销款型；等等。

(2) 采用谎称有奖或者故意让内定人员中奖的欺骗方式进行有奖销售

所谓“谎称有奖”，既包括宣称有奖而实际无奖，也包括宣称有大奖而实际只有小奖。例如，饮料企业宣称瓶盖内有“再来一瓶”的抽奖活动，实际上消费者买到的都是“谢谢惠顾”；手机厂商宣称可抽奖获得高档手机，实际上消费者能抽到的只有手机配件。“让内定人员中奖”，即通过人为干预抽奖结果，使特定人员中奖或者中大奖，例如，电脑抽奖时对不同主体设定不同中奖概率，人工抽奖时将大奖奖券单独拿出来交给特定人员。其中的“内定人员”不一定是经营者的内部人员（如经营者的员工），也可能是经营者选定的外部人员（例如，经营者试图贿赂的特定关系人，消费满一定金额的大客户等）。

（3）抽奖式巨奖销售

该条第三项将最高奖的金额超过五万元定为巨奖。抽奖式巨奖销售存在以下弊端：一是，扭曲消费者的消费选择，诱发、助长消费者的投机、博彩心理，使消费者不是为了获得所需要的商品、服务而购买，而是为了获奖而购买，结果买了不需要的东西，造成浪费。二是，经营者进行巨奖销售的成本最终会转移到消费者身上，虽然个别人获得了巨奖，但绝大多数消费者要以更高的价格购买该商品或者服务。三是，巨奖销售会干扰其他经营者的正常经营，只有经济实力雄厚的经营者才有能力设立巨奖，这可能严重排挤资金少、无力设立巨奖的中小经营者，破坏市场竞争格局。

需要强调的是，限制最高奖金额五万元的只是抽奖式的有奖销售。这里的“抽奖式”，既包括结果分为有奖和无奖的情形，也包括结果分为大奖和小奖的情形，以及二者相结合的情形。这需要与以下两种情形相区别：一是，奖励所有购买者且奖品价值基本相当的附赠式有奖销售（例如买房一律送车位，车位位置通过抽奖确定，不同车位的价值差别不大)，其奖励实际上是交易对价的一部分，博彩性质较弱，一般不适用该规定。二是，获奖人不是仅凭运气通过抽奖获得奖励，而是因其智力、体力、技能参加活动而赢得奖励的，一般视为参赛人的合法回报，不适用该规定。

28. 为什么要就禁止商业诋毁作出规定？

在生产经营活动中，经营者应当通过自己的努力，建立、维护自己的商业信誉、商品声誉，以取得交易伙伴、消费者的信任，赢得更多交易机会和竞争优势。但是，有的经营者却通过编造、传播虚假信息或者误导性信息，损害竞争对手的商业信誉、商品声誉，以破坏竞争对手的交易机会和竞争优势，就构成了商业诋毁。商业诋毁不但损害了其他经营者的合法权益，而且向消费者提供了错误信息、干扰了消费者的正常交易选择，扰乱了市场竞争秩序，是一种典型的不正当竞争行为，应当予以严格禁止。

商业诋毁是国际公约明文禁止的不正当竞争行为。《保护工业产权巴黎公约》第十条之二中规定，在经营商业中，具有损害竞争者的营业所、商品或工商业活动的信用性质的虚伪陈述，应当予以禁止。世界知识产权组织对此作了进一步阐释：在工商业活动中，任何虚假的或者不合理的说法，损害或者可能损害其他企业或者其活动的信誉，特别是损害此类企业提供的商品或者服务的信誉的，构成不正当竞争行为。世界主要国家和地区都对禁止商业诋毁作了规定。例如，德国《反不正当竞争法》第四条规定，不正当行为特别容易发生于下列情形，当行为人：（1）诋毁或贬低其他竞争者的可识别标志、商品、服务、活动、个人或业务状况。（2）陈述或散布有关其他竞争者的商品、服务、业务状况或企业经营者、管理层成员的事实，这些事实须为不完全真实的并达到足以损害企业经营或经营者信用之程度；如果传达方式是秘密的且陈述人或受领人对此传达享有合法利益，则只有在陈述或散布虚假事实的情况下才构成不正当竞争。日本《不正当竞争防止法》规定，告知或散布虚假信息，致使与其有竞争关系的其他经济主体之商誉受损的行为，构成不正当竞争行为。瑞士《联邦反不正当竞争法》规定，以不准确、误导或者不必要的损害性陈述，贬低他人及其商品、工作、服务、价格或者营业的行为，应当被认定为不正当竞争行为。

我国1993年反不正当竞争法第十四条对禁止商业诋毁作了规定。此次根据实践发展变化，对其构成要件作了调整，扩大了其适用情形。修改后的条文为第十一条，规定如下：

经营者不得编造、传播虚假信息或者误导性信息，损害竞争对手的商业信誉、商品声誉。

29. 认定商业诋毁，要把握哪些要点？

认定商业诋毁，要把握以下要点：

（1）商业诋毁的行为主体是经营者

反不正当竞争法第十一条所称“经营者”，包括从事商品生产、经营或者提供服务商品的自然人、法人和非法人组织。这里要注意将经营者的商业诋毁行为与其他主体侵犯名誉权的行为相区分。司法实践中一般认为，消费者对经营者的产品质量或服务质量进行批评、评论，借机诽谤、诋毁、损害其名誉的，应当认定为侵害名誉权；新闻单位对经营者的产品质量或者服务质量进行批评、评论，主要内容失实，损害其名誉的，应当认定为侵害名誉权。

（2）商业诋毁的对象是竞争对手

传统上，一般仅将生产、销售相同或相似产品或服务的经营者认定为竞争对手，对此类竞争对手进行商业诋毁最为典型，也最为多发。随着实践发展，有必要根据个案情况，对竞争对手作更加广义的理解：一是，经营者生产、销售的产品或者服务虽然不相同、不相似，但具备相似功能、可以相互替代的，也可能构成竞争对手；例如，录音机、CD 机、MP3 播放器生产者和音乐手机生产者可能成为音乐播放工具的竞争对手。二是，经营者之间存在争夺消费者注意力、购买力等商业利益冲突的，也可能成为竞争对手。例如，网络游戏提供者、社交软件提供者、视频网站可能因争夺消费者的上网流量、广告机会而成为竞争对手；房地产企业和金融企业可能因争夺社会资金流向而成为竞争对手。

（3）商业诋毁的行为表现是编造、传播虚假信息或者误

导性信息

“虚假信息”，即内容不真实，与实际情况不符的信息。编造虚假信息，例如，无中生有地宣称竞争对手遭遇经营困难、被有关主管部门查处；毫无根据地宣称竞争对手的产品存在质量问题、服务人员不具备相应资质。“误导性信息”，一般是指信息虽然真实，但是仅陈述了部分事实，容易引发错误联想的信息。编造误导性信息，例如，宣称竞争对手提供的产品含有有毒有害物质，呼吁消费者不要购买，实际上该产品中有毒有害物质含量极少，对人体没有危害，是符合国家安全标准的；恶意对竞争对手提起诉讼，在法院终审判决前传播竞争对手遭遇重大诉讼的信息，暗示与其交易存在风险，破坏竞争对手的交易机会。

虚假信息或者误导性信息要对竞争产生影响，还必须经过“传播”。实践中，传播的方式很多，有通过广播、电影、电视、报刊、杂志、网络等大众传播媒介传播的，有在产品订货会、发布会等交易场所传播的，有通过律师函、公开信、公开启事等方式传播的，有专门向竞争者的合作伙伴发函、发电子邮件传播的，有通过向相关部门、行业组织、消费者组织投诉举报传播的，等等。需要说明的是，经营者既编造又传播虚假信息或者误导性信息的，可能构成商业诋毁；经营者传播别人编造的虚假信息的，也可能构成商业诋毁；但经营者仅编造虚假信息未传播的，一般不会对市场竞争造成影响，不构成商业诋毁。

（4）商业诋毁的后果是损害竞争对手的商业信誉、商品声誉

商业信誉、商品声誉，反映的是人们对经营者本身以及其提供的商品或者服务（反不正当竞争法中所称的“商品”包括服务）的社会评价。其中，商品声誉主要是建立在某种商品或服务质量基础上的信誉。商业信誉的含义则更为广泛，它不但包含商品声誉，而且还包含与商业活动有关的其他因素，例如社会关系、公益形象、企业文化等。

这里的“损害”，既包括损害个体经营者的商业信誉、个别商品或者服务的声誉，也可能包括损害某种类型、某个行业经营者的商业信誉（例如，家禽养殖企业普遍滥用抗生素）、某类别商品的声誉（例如，红心鸡蛋都含苏丹红）；既包括造成实际损害，也包括造成损害的可能性；既包括造成直接利益损失，也包括造成潜在利益损失（如丧失交易机会、降低议价能力等）；等等。

30. 网络领域的不正当竞争行为，如何适用本法？

近年来，随着互联网技术和商业模式的快速发展，网络领域涉及不正当竞争的纠纷不断出现。网络领域的不正当竞争行为，目前来看，大体分为两类情况：一类属于传统不正当竞争行为在网络领域的延伸。比如，利用网络实施混淆仿冒、虚假宣传、商业诋毁等不正当竞争行为。这类网络不正

当竞争行为，与传统经济领域内的不正当竞争行为相比，只是因为网络领域的特点而呈现出不同的表现形式，并不存在实质上的区别。对这类行为，司法实践中一般也是依据本法第二章相应条文的具体规定进行处理的。另一类属于网络领域特有的、利用技术手段实施的不正当竞争行为。这类行为不同于传统经济领域内的不正当竞争行为，属于随着网络技术的发展出现的新情况，修订前的反不正当竞争法对此也缺乏相应的具体规范。对这类行为，司法实践中一般根据本法的“一般条款”（本法第二条关于不正当竞争行为定义的规定），以相关行为违反诚信原则或者商业道德等，将其认定为不正当竞争行为并进行处理。

本法对网络领域不正当竞争行为的法律适用作出了新的规定。本法第十二条第一款规定，经营者利用网络从事生产经营活动，应当遵守本法的各项规定。这项规定表明，网络不是法外之地，经营者利用网络从事生产经营活动，参与市场竞争，同样要受到本法的调整和规范，应当适用本法的各项规定。这里的“本法各项规定”，包括三个方面：

一是，本法第二章第六条至第十一条关于传统类型的不正当竞争行为规制的规定。如经营者利用网络实施混淆仿冒、虚假宣传、违法有奖销售、商业诋毁等行为的，属于传统不正当竞争行为在网络领域的延伸，对此可直接依据本法第二章的相应具体规定进行处理。

二是，本法第十二条第二款的规定。经营者违反该款规定，利用网络技术手段，通过影响用户选择或者其他方式，实施妨碍、破坏其他经营者合法提供的网络产品或者服务正常运行的不正当竞争行为的，应当依照本法承担相应责任。

三是，本法第二条关于不正当竞争行为定义的规定。当前，互联网技术以及新经济、新业态发展迅速。如果经营者在生产经营活动中，利用网络实施了本法第二章（包括本条第二款）规定之外的其他行为，且该行为违反了诚信原则或者商业道德，扰乱了市场竞争秩序，损害了其他经营者或者消费者的合法权益，依法构成不正当竞争行为的，可依据本法第二条关于不正当竞争行为定义的规定予以认定并进行处理。

31. 本法对网络领域特有的、利用技术手段实施的不正当竞争行为是如何规制的？

本法第十二条第二款对网络领域特有的、经营者利用技术手段实施的不正当竞争行为进行了规制。经营者利用网络领域的专业技术手段，妨碍其他经营者合法提供的网络产品或者服务正常地、平稳顺利地运行，或者进行破坏，使其不能运行，均违反了诚信原则和商业道德，属于不正当竞争行为。这里的“运行”应做宽的理解，既包括网络产品或者服务的安装、使用，也包括下载。同时，经营者合法提供的网络产品或者服务，应当平等地接受用户的自主选择。经营者实施的对他人网络产品或者服务的妨碍、破坏行为，即使是通过误导、欺骗等手段取得了用户同意，或者是通过强迫手段由用户作出的决定，由于影响了用户的自主选择，相关行为仍属于不正当竞争行为。

该款规定还对“妨碍、破坏其他经营者合法提供的网络产品或者服务正常运行”的行为的具体情形进行了列举：

一是，未经其他经营者同意，在其合法提供的网络产品或者服务中，插入链接、强制进行目标跳转。实践中曾出现过这方面的案例。如用户在使用某款搜索引擎进行关键词搜索时，其他经营者在搜索结果页面出现前插入广告页面并持续数秒。其间，点击该广告页面即跳转至广告宣传网站新窗口，不点击则数秒钟后自动展现搜索结果页面。这种情况就属于未经同意插入链接的不正当竞争行为。

二是，误导、欺骗、强迫用户修改、关闭、卸载其他经营者合法提供的网络产品或者服务。实践中曾出现过这方面的案例。如用户安装某款安全软件后，该软件自动对某款社交软件进行体检，以红色字体警示用户该软件存在严重的健康问题（实际上并不存在），并以绿色字体提供“一键修复”帮助。用户点击“一键修复”后，该安全软件即禁用了该社交软件的部分插件，并将该社交软件的安全沟通界面替换成自己的相应界面。这种情况就属于误导、欺骗用户修改他人网络产品或者服务的不正当竞争行为。

三是，恶意对其他经营者合法提供的网络产品或者服务实施不兼容。互联网以互联互通为基础，强调共享、共治、开放、包容。经营者恶意对他人的网络产品或者服务实施不兼容，不仅违反互联网开放、包容的精神，也构成对他人网络产品或者服务的妨碍、破坏，使其不能正常运行，属于不正当竞争行为。在对经营者是否存在恶意的判断上，可从该经营者实施的不兼容行为是否符合诚信原则和商业道德等要求进行综合考量。

此外，为防止挂一漏万，还规定了一项兜底条款，即“其他妨碍、破坏其他经营者合法提供的网络产品或者服务正常运行的行为”。

第三章　对涉嫌不正当竞争行为的调查

32. 监督检查部门调查涉嫌不正当竞争行为可以采取哪些措施?

根据反不正当竞争法总则的规定，我国有权对不正当竞争行为进行查处的部门为县级以上人民政府履行工商行政管理职责的部门和法律、行政法规规定的其他部门。监督检查部门对涉嫌不正当竞争的行为进行调查时，可以根据调查需要，依法采取相应的调查措施。根据反不正当竞争法第十三条第一款规定，监督检查部门调查涉嫌不正当竞争行为时，可以采取的措施包括：

（1）对经营者的有关经营场所进行现场检查。现场检查是查明事实的重要途径，一旦发现经营者有涉嫌不正当竞争行为的情况，监督检查部门就需要在查清事实、了解真相的基础上确定该行为是否构成不正当竞争行为，并依法进行处理。对经营场所进行现场检查是查明事实的重要途径之一。因此第一项调查措施就是进入涉嫌不正当竞争行为的经营场所进行检查，以获取有关证据，便于为依法确认和处理有关的不正当竞争违法行为提供事实依据。反不正当竞争监督检查部门在行使现场检查权时，要遵守两个原则，一是要确有必要，二是要仅限于与涉嫌不正当竞争行为有关的经营场所，遵守有关行政程序的法律规定，防止随意干扰经营者的正常生产经营活动。

（2）询问有关单位和个人。反不正当竞争监督检查部门要了解事实真相，就需要从各个角度进行调查，其中包括询问被调查的经营者、利害关系人以及其他和被调查行为有关的单位和个人，要求他们对与被调查行为有关的事项做出说明或者提供与被调查行为有关的其他资料，然后认真核实、去伪存真，真正做到处理决定以事实为依据。监督检查部门应就询问制作询问笔录，并由询问人和被询问人签名或者盖章。询问不得限制或者变相限制被询问人的人身自由。

（3）查阅、复制有关协议、账簿等资料。反不正当竞争法赋予监督检查部门查询、复制与涉嫌不正当竞争行为有关的协议、账簿、单据、文件、记录、业务函电和其他有关业务资料的权力，这样可以了解被调查的经营者的有关经济活动，如业务往来、资金流向等，取得相关证据，以确认被调查对象的行为是否违法，有利于案件的正确处理。

（4）查封、扣押有关的财物。查封是行政机关限制当事人对其财产的使用和处分的强制措施，主要针对不动产或者其他不便移动的财产，由行政机关以加贴封条的方式限制当事人对财产的移动或者使用。扣押是行政机关解除当事人对其财物的占有，并限制其处分的强制措施，主要针对可以移动的财产，扣押的财产由行政机关保管。为了查明事实、保存证据，防止涉嫌违法的经营者转移、隐匿、销毁有关的财物，对有可能被有关单位或个人转移、隐匿、销毁，今后查找有困难的，与涉嫌不正当竞争行为有关的财物，监督检查部门可以及时予以查封、扣押。查封、扣押属于行政强制措施，对当事人的影响较大，监督检查部门采取这些措施时一定要慎重，注意以下事项：一是，必须符合行政强制法规定的目的，即行政机关在行政管理过程中，为了制止违法行为，防止证据毁损，避免危害发生，控制危险扩大等情形。二是，只能查封、扣押与涉嫌不正当竞争行为直接相关的财物，不能查封、扣押经营者的其他财物，如不得查封、扣押公民个人及其所扶养家属的生活必需品。三是，查封、扣押的财物的价值应当适当。四是，查封、扣押是为了便于调查案件作出行政决定，不是制裁手段，因此采取查封、扣押措施后，应当及时查清事实，作出处理决定；发现采取查封、扣押措施不当的，应当立即解除查封、扣押措施。

（5）查询经营者的银行账户。通过查询涉嫌不正当竞争行为的经营者的银行账户，可以了解该经营者的经济活动状况，以利于发现违法行为。为此，反不正当竞争法赋予监督检查部门查询涉嫌不正当竞争行为的经营者的银行账户的权力。

需要强调的是，监督检查部门在采取上述调查措施时，应当遵循适当原则，即选择适当的调查措施，在多种措施都可以实现调查目的的情况下，监督检查部门应当采用对当事人权益损害最小的措施，才是适当和合理的。也就是说，在强制措施和非强制措施都能达到调查目的时，应当采用非强制措施；在达到调查目的的前提下，应当采用对当事人损害最小的措施。

33. 监督检查部门履行调查权应当遵守哪些程序?

根据反不正当竞争法第十三条第二款规定，监督检查部门采取前款规定的各项调查措施，应当向监督检查部门主要负责人书面报告，经批准后方可实施。其中，采取查封、扣押与涉嫌不正当竞争行为有关的财物和查询涉嫌不正当竞争行为的经营者的银行账户这两项措施的，应当向设区的市级以上人民政府监督检查部门主要负责人书面报告，经批准后方可实施。

34. 监督检查部门履行调查权还应当遵守哪些规则?

为了进一步保证反不正当竞争监督检查部门及其工作人员正当行使调查权，依法行政，防止权力被滥用，损害被调查对象的合法权益，反不正当竞争法第十三条第三款对监督检查部门行使调查权作出进一步限定，即监督检查部门调查涉嫌不正当竞争行为，应当遵守《中华人民共和国行政强制法》和其他有关法律、行政法规的规定，并应当将查处结果及时向社会公开。行政强制法是一部对行政强制权进行全面规范的法律，对行政强制权的设定、决定、实施、监督、救济等环节均作出了明确规范。监督检查部门的调查措施中凡是属于行政强制措施的，均应当符合行政强制法的实体性和程序性规范；不属于行政强制措施的调查措施，也应当遵守其他相关法律、行政法规的规定。

对经营者涉嫌不正当竞争的行为，监督检查部门应当依法进行调查，并依据法律规定的标准判断该行为是否构成不正当竞争行为；对经调查核实的不正当竞争行为，应当依法做出处理决定，并将查处结果及时向社会公布。处理结果公开是规范行政的要求，有利于保障社会公众的知情权，使公众能够了解政府决策的背景，法律、法规、政策的执行效果；有利于充分发挥舆论监督作用，有利于监督检查部门依法行政；有利于警示其他经营者依法经营；有利于消费者和其他经营者维护自身的合法权益；还有利于宣传反不正当竞争法，培养全社会的反不正当竞争意识。

35. 如何理解被调查对象如实提供有关资料或者情况的义务?

对涉嫌不正当竞争行为进行调查，是反不正当竞争监督检查部门的责任，而协助、配合监督检查部门工作，如实提供有关资料和真实情况，是被调查对象的义务。按照反不正当竞争法第十三条第一款第二项的规定，监督检查部门调查涉嫌不正当竞争行为时可以询问被调查的经营者、利害关系人及其他有关单位、个人，要求其说明有关情况或者提供与被调查行为有关的其他资料。与之相对应，根据反不正当竞争法第十四条规定，被调查的经营者、利害关系人及其他有关单位、个人在提供涉嫌不正当竞争行为的有关资料或者情况时，应当真实、客观、全面，不得隐瞒事实，不得夸大或缩小，不得凭空捏造，更不能转移、隐匿、销毁证据材料。

反不正当竞争法第十四条所规定的如实提供有关资料或者情况的义务主体是“被调查的经营者、利害关系人及其他有关单位、个人”，这里的“利害关系人”的情况比较复杂，其具体范围无法通过立法明确规定，应当在具体案件中具体情况具体分析，例如混淆行为中被侵权的权利人、商业秘密受到侵犯的权利人、商业信誉受到诋毁的竞争对手、有奖销售中利益受损害的消费者、合法提供的网络产品或服务受到妨碍破坏的经营者等，都属于“利害关系人”。“其他有关单位、个人”主要是与涉嫌不正当竞争行为有一定关系的、为案件调查所必须的单位和个人。

反不正当竞争法第十四条所规定的需要如实提供的“有关资料或者情况”，对于被调查的经营者来说，主要是与涉嫌不正当竞争行为有关的协议、账簿、单据、文件、记录、业务函电和其他有关业务资料或者情况；对于利害关系人来说，主要是其权益受到不正当竞争行为损害的相关证据材料或者情况；对于其他有关单位、个人来说，是和涉嫌不正当竞争行为直接相关的资料或者情况。

对不如实提供有关资料或者情况、拒不配合反不正当竞争监督检查部门调查的单位和个人，应当依法追究其法律责任。按照反不正当竞争法第二十八条规定，妨害监督检查部门依照反不正当竞争法履行职责，拒绝、阻碍调查的，由监督检查部门责令改正，对个人可以处五千元以下的罚款，对单位可以处五万元以下的罚款，并可以由公安机关依法给予治安管理处罚。

36. 如何理解监督检查部门及其工作人员的保密义务？

按照反不正当竞争法第九条第三款规定，商业秘密是指不为公众所知悉、具有商业价值并经权利人采取相应保密措施的技术信息和经营信息。反不正当竞争监督检查部门及其工作人员在对涉嫌不正当竞争行为进行调查的过程中，有可能涉及、了解有关单位和个人的商业秘密，商业秘密一旦被泄露，往往会给拥有该商业秘密的单位和个人的生产、经营活动带来不利影响，造成经济损失，甚至会使商业秘密所有者丧失核心竞争力，后果十分严重。

同时，我国公务员法规定，公务员应当履行忠于职守，勤勉尽责，保守国家秘密和工作秘密等义务。监督检查部门及其工作人员在调查过程中知悉的当事人的商业秘密属于工作秘密的一部分，应当予以保密。在反不正当竞争调查过程中，监督检查部门及其工作人员应当严格遵守职业操守，对执行职务时知悉的商业秘密予以保密，既不能泄露给他人，也不能利用其牟取不正当利益。因此，反不正当竞争法第十五条规定，监督检查部门及其工作人员对调查过程中知悉的商业秘密负有保密义务。对监督检查部门的工作人员违反保密义务，泄露调查过程中知悉的商业秘密的，将依照反不正当竞争法第三十条的规定依法给予处分。

37. 如何理解对于不正当竞争行为的举报制度？

不正当竞争是复杂的社会经济现象，对不正当竞争行为的监督，除了依靠相关监督检查部门外，还需要发挥社会监督的作用。反不正当竞争监督检查部门作为行政管理机关，在日常的监督检查活动中，应当最大限度地依靠社会、依靠公众，才能做好监督检查工作。

举报制度是我国各级国家机关一直实行的一种有利于加强同人民群众联系，有利于充分发挥人民群众对违法行为监督作用的行之有效的制度。维护公平、有序的市场竞争秩序需要全社会的共同参与，建立举报制度是一种十分有效的监督方式，对于反不正当竞争监督检查部门来说，可以充分利用群众监督、舆论监督的作用，及时地掌握不正当竞争行为的情况、线索，以便于展开进一步的调查、处理工作。反不正当竞争法将这一制度以法律的形式确立，使不正当竞争行为举报工作制度化、法定化。

按照反不正当竞争法第十六条第一款规定，对涉嫌不正当竞争行为，任何单位和个人有权向监督检查部门举报。首先明确了任何单位和个人都有权向监督检查部门举报涉嫌不正当竞争行为。这里的“任何单位和个人”既包括受到涉嫌不正当竞争行为损害的单位和个人，如被侵犯知识产权的单位和个人、被侵犯商业秘密的单位和个人、受到诋毁的单位和个人，等等；也包括没有受到涉嫌不正当竞争行为损害但对该行为知情的单位和个人。社会公众分散在社会和市场的各个领域，而不正当竞争行为的影响也分散在社会和市场的各个方面。公众往往是不正当竞争行为最广泛、最直接的感受者、发现者，也可能是最先发现不正当竞争行为线索的。因此，社会公众是反不正当竞争监督检查部门最好的辅助监督力量。

按照反不正当竞争法第十六条第一款的规定，监督检查部门接到举报后应当依法及时处理。这里所说的处理，包括多种方式，应当根据举报的具体情况进行处理。例如，如果举报的问题比较简单，事实清楚，受理部门应当按照有关规定及时调查核实，予以解决；若举报的问题较为复杂，不能立即解决的，可以先受理立案；若举报不符合有关规定的，不予受理；若举报问题属于其他部门管辖范围的，可以依法移交有权部门处理。

同时，按照反不正当竞争法第十六条第二款的规定，监督检查部门在举报工作中应当做到以下几点：

（1）公开举报的联系方式。为了方便社会公众举报不正当竞争行为，监督检查部门应当向社会公开受理举报的电话、信箱或者电子邮件地址。监督检查部门要充分利用影响面较广的电视、广播、报刊、互联网、宣传牌和宣传单等各种途径公开举报的联系方式，对不正当竞争举报联系方式进行宣传，让公众尽可能地知悉。

（2）为举报人保密。举报人举报不正当竞争行为，是承担了很大风险的，如果让被举报的一方知晓，可能会遭到打击报复。因此，为了保护举报人的安全和积极性，反不正当竞争监督检查部门应当对举报人的信息和有关情况予以保密，不能泄露。

（3）落实实名、有据举报。举报能否得到调查核实，能否得到落实反馈，是举报人十分关心的问题。特别是实名并提供相关事实和证据的举报，一般可信程度较高，实施了不正当竞争行为的可能性较大。如果得不到落实和反馈，必将极大地损害举报人的积极性，使公众丧失对举报工作的信心，最终会瓦解社会监督的作用。因此，对实名举报并提供相关事实和证据的，监督检查部门无论作出何种处理决定，均应当将处理结果告知举报人。

第四章　法律责任

38. 如何理解从事不正当竞争的经营者应当依法承担民事责任?

反不正当竞争法明确禁止经营者以不正当手段从事市场竞争，扰乱市场竞争秩序，损害其他经营者或者消费者的合法权益。违反反不正当竞争法禁止性规定的经营者，应当承担相应的法律责任。法律责任分为民事责任、行政责任和刑事责任。民事责任、行政责任和刑事责任虽然是三种性质不同的法律责任，却可能因为同一法律行为而同时产生。通常情况下，民事责任、行政责任和刑事责任独立存在，并行不悖。

我国民法总则第一百七十六条规定：“民事主体依照法律规定和当事人约定，履行民事义务，承担民事责任。”民事责任是民事法律关系的当事人不依法履行民事法律义务，应当承担的法律后果。民事责任分两大类，一类是违约的民事责任；另一类是侵权的民事责任。违约的民事责任，是指合同关系的当事人一方不依法履行合同义务或者履行合同义务不符合约定条件而应当承担的责任。侵权的民事责任，是指民事法律关系的当事人由于自身的过错，给他人的财产权利或者人身权利造成损害应当承担的责任。公民、法人如果不履行约定的义务或者实施了侵权行为，受害人可以要求违约者、侵权人承担民事责任。根据民法总则第一百七十九条的规定，承担民事责任的方式主要包括：（1）停止侵害；（2）排除妨碍；（3）消除危险；（4）返还财产；（5）恢复原状；（6）修理、重作、更换；（7）继续履行；（8）赔偿损失；（9）支付违约金；（10）消除影响、恢复名誉；（11）赔礼道歉；以及法律规定的惩罚性赔偿。以上承担民事责任的方式，可以单独适用，也可以合并适用。

经营者实施了反不正当竞争法所禁止的行为，也就是不正当竞争行为，不仅扰乱了市场竞争秩序，而且可能损害其他经营者或者消费者的合法权益，导致侵权的民事责任。因此，反不正当竞争法第十七条第一款原则规定，经营者违反本法规定，给他人造成损害的，应当依法承担民事责任。通过让侵权的经营者承担民事责任，使被侵害的经营者或者消费者的民事权利得以恢复和得到赔偿，同时也起到对侵权的经营者违反民事义务的行为予以惩罚的作用。

39. 受到不正当竞争行为损害的经营者如何寻求民事救济？

反不正当竞争法第十七条第二款规定，经营者的合法权益受到不正当竞争行为损害的，可以向人民法院提起诉讼。

对于被侵权的经营者因其合法权益受到不正当竞争行为的侵害而与侵权人形成的民事纠纷，我国实行不告不理原则。当事人有权在法律规定的范围内处分自己的民事权利和诉讼权利。只有合法权益受到侵害的经营者主张权利，并向人民法院提起诉讼的，人民法院才能受理。人民法院经审理后可以作出判决，要求侵权者承担相应的民事法律责任。

40. 如何计算对因不正当竞争行为受到损害的经营者的赔偿数额?

赔偿责任是承担民事责任的主要方式之一，它是以补救财产权利损害为目的而强制责任人承担财产上的不利结果为内容的责任形式。反不正当竞争法第十七条第三款对不正当竞争行为侵犯其他经营者的财产权，应当承担赔偿责任的赔偿额的计算作出规定，即对因不正当竞争行为受到损害的经营者的赔偿数额，按照其因被侵权所受到的实际损失确定；实际损失难以计算的，按照侵权人因侵权所获得的利益确定。赔偿数额还应当包括经营者为制止侵权行为所支付的合理开支。也就是说，对侵权的经营者应按以下顺序确定其应当承担的赔偿数额：

（1）按照受到损害的经营者因被侵权所受到的实际损失来确定赔偿数额。例如，因侵权人的不正当竞争行为，使被侵权人的商品销售量下降，其销量减少的总数乘以每件商品的利润所得之积，即为被侵权人因被侵权所受到的实际损失。

（2）实际损失难以计算的，按照侵权人因侵权所获得的利益确定赔偿数额。侵权人在侵权期间从每件侵权商品中获得的利润，乘以在市场上销售的商品数量，所得之积，为侵权人在侵权期间所得利润，即侵权人在侵权期间因侵权所获得的利益。

（3）赔偿数额包括经营者为制止侵权行为所支付的合理开支。这里所说的合理开支，包括权利人所支付的用于制止侵权行为的交通费、调查费、鉴定费、适当的律师费以及其他合理费用。

41. 如何理解部分反不正当竞争案件中的法定赔偿？

为了有效保护经营者的合法权益，加大对知识产权领域不正当竞争行为的打击力度，这次修改反不正当竞争法增加规定了法定赔偿。一般来说，民事赔偿的目的是补偿损害，使受到损害的权利得到救济，使受害人能够恢复至未受到损害前的状态。但在一些不正当竞争案件中，人民法院难以取得充分的证据来确定被侵权人所受到的实际损失、侵权人因侵权所获得的利益。在这种情况下，人民法院可以根据侵权行为的情节判决给予被侵权人法定的侵权赔偿。因此，反不正当竞争法第十七条第四款规定，经营者违反本法第六条、

第九条规定，权利人因被侵权所受到的实际损失、侵权人因侵权所获得的利益难以确定的，由人民法院根据侵权行为的情节判决给予权利人三百万元以下的赔偿。这里所说的“侵权行为的情节”，主要是指侵权行为人的主观过错程度、采用的侵权手段和方式、侵权行为持续的时间、给权利人造成损害的程度等。反不正当竞争法第六条规定经营者不得实施下列混淆行为，引人误认为是他人商品或者与他人存在特定联系：（1）擅自使用与他人有一定影响的商品名称、包装、装潢等相同或者近似的标识；（2）擅自使用他人有一定影响的企业名称（包括简称、字号等）、社会组织名称（包括简称等）、姓名（包括笔名、艺名、译名等）；（3）擅自使用他人有一定影响的域名主体部分、网站名称、网页等；（4）其他足以引人误认为是他人商品或者与他人存在特定联系的混淆行为。反不正当竞争法第九条中规定，经营者不得实施下列侵犯商业秘密的行为：（1）以盗窃、贿赂、欺诈、胁迫或者其他不正当手段获取权利人的商业秘密；（2）披露、使用或者允许他人使用以前项手段获取的权利人的商业秘密；（3）违反约定或者违反权利人有关保守商业秘密的要求，披露、使用或者允许他人使用其所掌握的商业秘密。

42. 经营者实施混淆行为应当承担什么行政责任？

行政责任是法律责任的一种，是由特定的行政机关对违反法律、行政法规或者规章的行为给予的一种行政制裁，一般对轻微的违法行为或者违纪行为实施。行政责任包括行政处罚和行政处分两大类。

反不正当竞争法不是仅用于保护私权利，而是通过遏制不正当竞争行为，来维护整个市场竞争秩序。不正当竞争行为侵犯的客体是复杂客体，不仅侵犯了其他经营者或者消费者的合法权益，同时也扰乱了国家在经济领域正常的市场竞争秩序。实施不正当竞争行为，不仅要承担民事责任，还要承担相应的行政责任。

反不正当竞争法第六条规定经营者不得实施下列混淆行为，引人误认为是他人商品或者与他人存在特定联系：（1）擅自使用与他人有一定影响的商品名称、包装、装潢等相同或者近似的标识；（2）擅自使用他人有一定影响的企业名称（包括简称、字号等）、社会组织名称（包括简称等）、姓名（包括笔名、艺名、译名等）；（3）擅自使用他人有一定影响的域名主体部分、网站名称、网页等；（4）其他足以引人误认为是他人商品或者与他人存在特定联系的混淆行为。经营者实施上述混淆行为，使消费者对商品来源产生混淆，不仅侵害了在同一市场上竞争的其他经营者的合法权益（如减少其交易机会、影响其商业信誉等），而且对市场竞争秩序造成了损害。

按照反不正当竞争法第十八条第一款的规定，经营者违反本法第六条的规定实施混淆行为的，由监督检查部门给予下列行政处罚：

（1）责令停止违法行为。即责令违法的经营者立即停止混淆行为，以防止损害后果的扩大。

（2）没收违法商品。即没收经营者因实施混淆行为所生产或者经营的引人误认为是他人商品或者与他人存在特定联系的侵权商品。

（3）罚款。即对违法经营额五万元以上的，可以并处违法经营额五倍以下的罚款；对没有违法经营额或者违法经营额不足五万元的，可以并处二十五万元以下的罚款，是否并处罚款以及罚款的具体数额，由监督检查部门根据违法行为的事实、性质、情节等因素来决定。这里的“违法经营额”是指行为人在实施混淆行为过程中，所制造、存储、运输、销售的侵权产品的价值。

（4）吊销营业执照。即对违法情节严重的经营者，除了上述行政处罚外，并处吊销营业执照。任何经营者从事商品生产、经营或者提供服务都需要取得营业执照，吊销营业执照对于公民个人来说，意味着他不能再从事营业执照所列的经营范围内的业务；对于法人来说，意味着其法人资格的丧失，即丧失了法人的权利能力和行为能力。

此外，按照反不正当竞争法第十八条第二款的规定，经营者登记的企业名称违反本法第六条规定的，应当及时办理名称变更登记；名称变更前，由原企业登记机关以统一社会信用代码代替其名称。企业名称是区别不同市场主体的标志，我国对企业名称实行登记注册制度，以保护企业名称，经营者必须使用经核准登记注册的企业名称从事生产经营活动。因此，经营者登记的企业名称违反反不正当竞争法第六条规定擅自使用他人具有一定影响的企业名称的，应当及时向企业登记机关办理名称变更登记。鉴于我国以统一社会信用代码和相关基本信息作为法人和其他组织的“数字身份证”，作为企业身份识别的一种手段，在企业名称变更前，为了便于识别身份，由原企业登记机关以统一社会信用代码代替该企业名称。

43. 经营者进行商业贿赂应当承担什么行政责任?

反不正当竞争法第七条规定经营者不得采用财物或者其他手段贿赂下列单位或者个人，以谋取交易机会或者竞争优势：(1) 交易相对方的工作人员；(2) 受交易相对方委托办理相关事务的单位或者个人；(3) 利用职权或者影响力影响交易的单位或者个人。

根据反不正当竞争法第十九条的规定，经营者违反上述规定采用财物或者其他手段贿赂他人的，由监督检查部门给予下列行政处罚：

(1) 没收违法所得。行贿的目的是获得不正当利益，经营者因采用财物或者其他手段贿赂反不正当竞争法第七条规定的单位和个人而获得的交易机会或者竞争优势所带来的不正当利益即违法所得，应当予以没收。

（2）罚款。即根据情节轻重，处十万元以上三百万元以下的罚款。

（3）吊销营业执照。即对违法情节严重的经营者，除了上述行政处罚外，并处吊销营业执照，这里的“情节严重”主要是指行贿多次多人或行贿数额较大等情节。

44. 经营者进行虚假宣传，或者帮助其他经营者进行虚假宣传，应当承担什么行政责任？

根据反不正当竞争法第八条规定，经营者不得对其商品的性能、功能、质量、销售状况、用户评价、曾获荣誉等作虚假或者引人误解的商业宣传，欺骗、误导消费者；不得通过组织虚假交易等方式，帮助其他经营者进行虚假或者引人误解的商业宣传。

根据反不正当竞争法第二十条的规定，经营者违反本法第八条规定的，由监督检查部门给予下列行政处罚：

（1）责令停止违法行为。即责令经营者立即停止对其商品作虚假或者引人误解的商业宣传，或者通过组织虚假交易等方式帮助其他经营者进行虚假或者引人误解的商业宣传，以防止损害后果的扩大。

（2）罚款。即根据违法情节轻重，处二十万元以上一百万元以下的罚款；情节严重的，处一百万元以上二百万元以下的罚款。

（3）可以并处吊销营业执照，即对违法情节严重的经营者，除了上述责令停止违法行为、罚款外，可以并处吊销营业执照，是否吊销营业执照，由监督检查部门根据违法情节的严重程度决定。

同时，为与广告法相衔接，反不正当竞争法第二十条第二款规定，经营者违反本法第八条规定，属于发布虚假广告的，依照《中华人民共和国广告法》的规定处罚。关于发布虚假广告，根据广告法第二十八条的规定，广告以虚假或者引人误解的内容欺骗、误导消费者的，构成虚假广告。广告有下列情形之一的，为虚假广告：（1）商品或者服务不存在的；（2）商品的性能、功能、产地、用途、质量、规格、成分、价格、生产者、有效期限、销售状况、曾获荣誉等信息，或者服务的内容、提供者、形式、质量、价格、销售状况、曾获荣誉等信息，以及与商品或者服务有关的允诺等信息与实际情况不符，对购买行为有实质性影响的；（3）使用虚构、伪造或者无法验证的科研成果、统计资料、调查结果、文摘、引用语等信息作证明材料的；（4）虚构使用商品或者接受服务的效果的；（5）以虚假或者引人误解的内容欺骗、误导消费者的其他情形。广告法第五十五条规定了发布虚假广告行为的行政责任，即由工商行政管理部门责令停止发布广告，责令广告主在相应范围内消除影响，处广告费用三倍以上五倍以下的罚款，广告费用无法计算或者明显偏低的，处二十万元以上一百万元以下的罚款；两年内有三次以上违法行为或者有其他严重情节的，处广告费用五倍以上十倍以下的罚款，广告费用无法计算或者明显偏低的，处一百万元以上二百万元以下的罚款，可以吊销营业执照，并由广告审查机关撤销广告审查批准文件、一年内不受理其广告审查申请。医疗机构有前款规定违法行为，情节严重的，除由工商行政管理部门依照广告法处罚外，卫生行政部门可以吊销诊疗科目或者吊销医疗机构执业许可证。广告经营者、广告发布者明知或者应知广告虚假仍设计、制作、代理、发布的，由工商行政管理部门没收广告费用，并处广告费用三倍以上五倍以下的罚款，广告费用无法计算或者明显偏低的，处二十万元以上一百万元以下的罚款；两年内有三次以上违法行为或者有其他严重情节的，处广告费用五倍以上十倍以下的罚款，广告费用无法计算或者明显偏低的，处一百万元以上二百万元以下的罚款，并可以由有关部门暂停广告发布业务、吊销营业执照、吊销广告发布登记证件。

45. 经营者侵犯他人商业秘密应当承担什么行政责任?

反不正当竞争法第九条规定经营者不得实施下列侵犯商业秘密的行为：（1）以盗窃、贿赂、欺诈、胁迫或者其他不正当手段获取权利人的商业秘密；（2）披露、使用或者允许他人使用以前项手段获取的权利人的商业秘密；（3）违反约定或者违反权利人有关保守商业秘密的要求，披露、使用或者允许他人使用其所掌握的商业秘密。

按照反不正当竞争法第二十一条的规定，经营者违反本法第九条规定实施了侵犯商业秘密的行为的，由监督检查部门给予下列行政处罚：

（1）责令停止违法行为。即责令经营者立即停止实施侵犯商业秘密的行为，以防止损害后果的扩大。

（2）罚款。即根据违法行为的情节，处十万元以上五十万元以下的罚款；情节严重的，处五十万元以上三百万元以下的罚款，这里的“情节严重”主要是指行为人侵犯他人商业秘密所采用的手段较为恶劣、对权利人造成的损失较大、对市场竞争秩序的危害较大等。监督检查部门在作出罚款的处罚决定时一般要酌情考虑以下情况：侵权人的动机、目的、手段、损害结果的大小等。例如，侵权人目的非常明确，就是希望通过侵犯他人商业秘密的行为，从而达到挤垮竞争对手的结果。在客观方面实施了以下行为：以盗窃、贿赂、欺诈、胁迫或者其他不正当手段获取权利人的商业秘密，披露、使用或者允许他人使用该商业秘密；违反约定或者违反权利人有关保守商业秘密的要求，披露、使用或者允许他人使用其所掌握的商业秘密。

46. 经营者违法进行有奖销售应当承担什么行政责任?

反不正当竞争法第十条规定了经营者进行有奖销售应当

禁止的情形：（1）所设奖的种类、兑奖条件、奖金金额或者奖品等有奖销售信息不明确，影响兑奖；（2）采用谎称有奖或者故意让内定人员中奖的欺骗方式进行有奖销售；（3）抽奖式的有奖销售，最高奖的金额超过五万元。

经营者进行有奖销售存在上述禁止情形的，按照反不正当竞争法第二十二条的规定，由监督检查部门给予下列行政处罚：

（1）责令停止违法行为。即责令经营者立即停止违法的有奖销售行为，以防止损害后果的扩大。

（2）罚款。即根据有奖销售行为的违法事实、性质和情节轻重，在最低限额五万元和最高限额五十万元之间确定罚款数额。

47. 经营者损害竞争对手商业信誉、商品声誉应当承担什么行政责任？

良好的商业信誉、商品声誉对于经营者在市场竞争中获得优势具有重要作用，诋毁他人的商业信誉行为，属于不正当竞争行为，应予以禁止。因此，反不正当竞争法第十一条规定，经营者不得编造、传播虚假信息或者误导性信息，损害竞争对手的商业信誉、商品声誉。

经营者违反上述规定，编造、传播虚假信息或者误导性信息，损害竞争对手商业信誉、商品声誉的，按照反不正当竞争法第二十三条的规定，由监督检查部门给予下列行政处罚：

（1）责令停止违法行为。即责令违法的经营者立即停止编造、传播虚假信息或者误导性信息的行为，以防止受害人损害后果的继续扩大。

（2）消除影响。即责令违法的经营者在一定范围内采取适当方式消除对受害人商业信誉、商品声誉的不利影响。这一处罚措施的处理原则是，侵权行为人应当根据造成不良影响的范围大小，采取程度不同的措施给受害人消除不良影响，例如在报刊或者网络上发布虚假信息或者误导性信息，损害他人商业信誉、商品声誉的，就应当在该报刊或者网站上发表书面声明，对虚假信息或者误导性信息进行更正。

（3）罚款。根据违法行为的情节，处十万元以上五十万元以下的罚款；情节严重的，处五十万元以上三百万元以下的罚款，这里的“情节严重”主要根据侵权者编造、传播虚假信息或者误导性信息的行为恶劣程度，对他人商业信誉、商品声誉的损害范围、程度来判断。

48. 经营者妨碍、破坏其他经营者合法提供的网络产品或者服务正常运行应当承担什么行政责任？

在网络时代，经营者利用网络从事生产经营活动越来越多，不正当竞争行为呈现出一些新形态，有些经营者利用技术手段从事不正当竞争行为，妨碍、破坏其他经营者合法提供的网络产品或者服务正常运行，使竞争对手处于不平等竞争地位。按照反不正当竞争法第十二条规定，经营者利用网络从事生产经营活动，应当遵守反不正当竞争法的各项规定；经营者不得利用技术手段，通过影响用户选择或者其他方式，实施下列妨碍、破坏其他经营者合法提供的网络产品或者服务正常运行的行为：（1）未经其他经营者同意，在其合法提供的网络产品或者服务中，插入链接、强制进行目标跳转；（2）误导、欺骗、强迫用户修改、关闭、卸载其他经营者合法提供的网络产品或者服务；（3）恶意对其他经营者合法提供的网络产品或者服务实施不兼容；（4）其他妨碍、破坏其他经营者合法提供的网络产品或者服务正常运行的行为。

经营者违反上述规定，利用技术手段，通过影响用户选择或者其他方式，妨碍、破坏其他经营者合法提供的网络产品或者服务正常运行的，按照反不正当竞争法第二十四条的规定，由监督检查部门给予下列行政处罚：

（1）责令停止违法行为。即责令违法的经营者立即停止妨碍、破坏其他经营者合法提供的网络产品或者服务正常运行的行为，以防止损害后果的继续扩大。

（2）罚款。根据违法行为的情节，处十万元以上五十万元以下的罚款；情节严重的，处五十万元以上三百万元以下的罚款，这里的"情节严重"主要根据违法的经营者对其他经营者合法提供的网络产品或者服务正常运行的妨碍、破坏程度，以及被侵害经营者的损失大小来判断。

49. 经营者有主动消除或者减轻违法行为危害后果等情形的，是否可以从轻、减轻或者不予行政处罚？

反不正当竞争法第二十五条规定，经营者违反本法规定从事不正当竞争，有主动消除或者减轻违法行为危害后果等法定情形的，依法从轻或者减轻行政处罚；违法行为轻微并及时纠正，没有造成危害后果的，不予行政处罚。

对于经营者具有主动消除或者减轻违法行为危害后果等法定情形，或者经营者的违法行为轻微并及时纠正、没有造成危害后果的，在本法中明确规定依法从轻、减轻或者不予行政处罚，更有利于保护经营者和消费者的合法权益。同时，本条规定也赋予了监督检查部门在法定范围内一定程度的自由裁量权，便于监督检查部门根据不同案件的实际情况，较为灵活地运用自己的权力。监督检查部门在具体运用这一权力时，必须遵循公正原则以及行政处罚与违法行为相适应的原则。

具体来说，从轻处罚是指在法定处罚范围内对当事人适用较轻的处罚或者较少的罚款。减轻处罚是指在法定处罚范围内对当事人适用较轻处罚种类。不予处罚是指对当事人作有违法行为的宣告，但免除其行政处罚。

“经营者违反本法规定从事不正当竞争，有主动消除或者减轻违法行为危害后果等法定情形的，依法从轻或者减轻行政处罚”中的“法定情形”，是指根据《中华人民共和国行政处罚法》第二十七条的规定，“当事人有下列情形之一的，应当依法从轻或者减轻行政处罚：（一）主动消除或者减轻违法行为危害后果的；（二）受他人胁迫有违法行为的；（三）配合行政机关查处违法行为有立功表现的；（四）其他依法从轻或者减轻行政处罚的。”其中，“主动消除或者减轻违法行为危害后果的”的关键是“主动”，是经营者对实施不正当竞争行为的补救，是从主观积极的角度去消除或者减轻不正当竞争行为的危害后果。“受他人胁迫有违法行为的”是指有些经营者实施不正当竞争行为是由于某种原因受到一定程度的威胁或者强制，经营者从主观上看是不完全愿意实施不正当竞争行为的，客观上在违法过程中所起的作用也比较小。“配合行政机关查处违法行为有立功表现的”，是经营者以实际行动对不正当竞争行为予以补救的最积极的体现，包括但不限于揭发检举其他不正当竞争行为、向监督检查部门主动提供材料和案件线索等，使监督检查部门的查处工作进展顺利、效果明显。对于不予行政处罚的情形，其条件是“违法行为轻微并及时纠正，没有造成危害后果的”，这里的违法行为轻微、及时纠正与没有造成危害后果是统一的，不可分割的。

50. 对经营者从事不正当竞争行为，是否有信用约束机制？

反不正当竞争法第二十六条规定，经营者违反本法规定从事不正当竞争，受到行政处罚的，由监督检查部门记入信用记录，并依照有关法律、行政法规的规定予以公示。

随着国家信用管理体系的不断完善，信用记录在惩戒失信行为人方面正在发挥越来越重要的作用，对于经营者违反本法规定从事不正当竞争、受到行政处罚的，除依法追究其法律责任外，还应当由监督检查部门记入信用记录并依法予以公示，以发挥信用约束作用，惩戒失信行为。

信用记录由监督检查部门依法采集、客观记录，内容主要包括经营者的基本情况、违法事实以及给予的行政处罚等，是证明经营者是否诚实守信、有无违法违约等行为的重要依据。对于经营者从事不正当竞争行为的公示，应当依照有关法律、行政法规的规定进行。如根据《企业信息公示暂行条例》（国务院令第 654 号）的规定，对于经营者违反本法规定从事不正当竞争，受到行政处罚的，监督检查部门应当将其作出的行政处罚决定等相关信息通过企业信用信息公示系统向社会公示。

51. 经营者违反本法规定，需承担民事责任、行政责任和刑事责任但财产不足以支付的，应当优先承担哪种责任?

反不正当竞争法第二十七条规定，经营者违反本法规定，应当承担民事责任、行政责任和刑事责任，其财产不足以支付的，优先用于承担民事责任。

《中华人民共和国民法总则》第一百八十七条规定，“民事主体因同一行为应当承担民事责任、行政责任和刑事责任的，承担行政责任或者刑事责任不影响承担民事责任；民事主体的财产不足以支付的，优先用于承担民事责任。”本条的规定，从要旨上看与民法总则的规定是相一致的，即体现民事责任优先原则。

法律责任按照类型划分，可以分为民事责任、行政责任和刑事责任。三者的区别主要在于违反的法律类型不同，民事责任是因违反民事法律、违约或者因法律规定的其他事由产生；行政责任是因违反行政法律或者行政法规产生；刑事责任则因违反刑事法律而产生。一个行为可能同时违反了民法又违反了行政法或者刑法，由此会同时产生民事责任、行政责任或者刑事责任。通常情况下，民事责任、行政责任和刑事责任独立存在，互不影响，但在经营者的财产不足以同时承担民事赔偿责任与罚款、罚金或者没收财产等行政或者刑事责任时，三种责任就发生了冲突，由此产生哪一种责任优先适用的问题，民事责任优先原则就是解决此类问题的法律原则。

确立民事责任优先原则主要有以下三方面的原因：一是实现法的价值的需要。民法、行政法与刑法虽各自有不同的调整范围，但保护自然人、法人和非法人组织的合法权益是共同的目标和任务。在经营者的财产不足以同时承担民事赔偿责任和缴纳罚款、罚金等行政、刑事责任时，如果先执行罚款或者罚金，权利人的合法权益就难以得到有效保护。国家和个体在承受财产损失方面的能力差别很大，在不足以同时承担两种以上责任时，不缴纳罚款、罚金等行政、刑事责任，不会使国家经济有困难，但如果不履行民事责任却可能使个体陷入极大的困境。民事责任优先原则体现了三个部门法在保护自然人、法人和非法人组织合法权益方面的一致性，也更能体现法律的主要价值，即人道和正义。二是维护市场经济秩序和交易安全的需要。经营者在生产经营活动中依法取得的权利，应当具有法律保障。如果一方对另一方依法享有的民事赔偿请求权，因另一方财产承担了行政、刑事责任后丧失赔偿能力而无法实现，必然导致经营者在以后的生产经营活动中，耗费相当的精力调查核对对方是否存在违法或者犯罪行为，不仅将影响双方进行交易的速度和信心，也不符合交易安全乃至市场经济秩序应具有法律保障的要求。民事责任优先则可以有效克服这一弊端。三是民事责任和行政责任、刑事责任的目的和功能不同。在经营者的财产不足以承担两种以上责任时，不承担民事责任，民事责任的目的就无法实现，而行政责任、刑事责任涉及人身和财产，除了财产性的罚款、罚金外，还可以对责任主体进行人身制裁。因此，在三种责任发生冲突时，经营者应当优先承担民事责任。

民事责任优先原则的适用是有条件的：一是经营者所承担的民事责任须合法有效，其产生的依据或是基于约定或是基于法律规定；二是经营者的财产不足以同时满足民事责任、行政责任和刑事责任，即只有在财产不足以同时满足时，才可适用民事责任优先的原则。

52. 妨害监督检查部门依照本法履行职责或者拒绝、阻碍调查的，需要承担哪些行政责任？

反不正当竞争法第二十八条规定，妨害监督检查部门依照本法履行职责，拒绝、阻碍调查的，由监督检查部门责令改正，对个人可以处五千元以下的罚款，对单位可以处五万元以下的罚款，并可以由公安机关依法给予治安管理处罚。

本法第十三条对监督检查部门调查涉嫌不正当竞争行为可以采取的措施作了规定。本法第十四条规定，监督检查部门调查涉嫌不正当竞争行为，被调查的经营者、利害关系人及其他有关单位、个人应当如实提供有关资料或者情况。

对于妨害监督检查部门依法履行职责，拒绝、阻碍调查的，由监督检查部门责令改正，并对个人可以处五千元以下的罚款，对单位可以处五万元以下的罚款。同时，《中华人民共和国治安管理处罚法》第五十条对阻碍国家机关工作人员依法执行职务的行为，规定由公安机关给予警告或者二百元以下罚款；情节严重的，处五日以上十日以下拘留，可以并处五百元以下罚款。根据《中华人民共和国行政处罚法》第二十四条的规定，“对当事人的同一个违法行为，不得给予两次以上罚款的行政处罚”，因此，对于妨害监督检查部门依照本法履行职责，拒绝、阻碍调查的，由监督检查部门责令改正，并对个人可以处五千元以下的罚款，对单位可以处五万元以下的罚款，并可以由公安机关依法给予除罚款以外的治安管理处罚。

53. 当事人对监督检查部门作出的决定不服的，是否可以申请行政复议或者提起行政诉讼?

反不正当竞争法第二十九条规定，当事人对监督检查部门作出的决定不服的，可以依法申请行政复议或者提起行政诉讼。

监督检查部门对经营者的不正当竞争行为作出处理决定后，经营者应当认真执行。但是，如果经营者认为该决定与事实不符或者适用法律不当，法律也赋予他们必要的救济途径。根据《中华人民共和国行政复议法》和《中华人民共和国行政诉讼法》的规定，公民、法人或者其他组织认为具体行政行为侵犯其合法权益的，有权向行政机关提出行政复议申请，也有权向人民法院提起行政诉讼，但法律规定行政复议决定为最终裁决的除外。监督检查部门依据本法作出的决定属于具体行政行为，该行政行为的相对人以及其他与该行政行为有利害关系的公民、法人或者其他组织，对监督检查部门作出的决定不服的，可以依法申请行政复议或者提起行政诉讼。

54. 监督检查部门的工作人员不履行法定职责的，是否应给予处分？

反不正当竞争法第三十条规定，监督检查部门的工作人员滥用职权、玩忽职守、徇私舞弊或者泄露调查过程中知悉的商业秘密的，依法给予处分。

本法第四条规定，县级以上人民政府履行工商行政管理职责的部门对不正当竞争行为进行查处，法律、行政法规规定由其他部门查处的，依照其规定。本法第三章对监督检查部门调查涉嫌不正当竞争行为可以采取的措施、应当遵循的程序等作了规定，其中第十五条规定，监督检查部门及其工作人员对调查过程中知悉的商业秘密负有保密义务。

履行工商行政管理职责的部门和其他依照法律、行政法规负有查处职责的部门的工作人员，应当依法履行职责，不得有滥用职权、玩忽职守、徇私舞弊或者泄露调查过程中知悉的商业秘密的行为。玩忽职守，是指不履行或者不完全履行法律规定的职责；滥用职权，是指履行职务时违反法律规定或者超越法律规定的职责权限行使职权；徇私舞弊，是指为了私情或者私利，故意违反法律，不尊重事实，作出枉法处理或者枉法决定。对于监督检查部门的工作人员滥用职权、玩忽职守、徇私舞弊或者泄露调查过程中知悉的商业秘密的，由有权机关视情节轻重，根据《中华人民共和国公务员法》的规定，给予警告、记过、记大过、降级、撤职或者开除的处分。

55. 违反本法规定构成犯罪的，是否还需追究刑事责任？

反不正当竞争法第三十一条规定，违反本法规定，构成犯罪的，依法追究刑事责任。

本法第四章规定了法律责任，其中主要对行政责任作了详细规定。对于刑事责任，则应当根据《中华人民共和国刑法》的规定追究。如，本法第七条规定经营者不得采用财物或者其他手段贿赂交易相对方的工作人员等单位或者个人，以谋取交易机会或者竞争优势。根据刑法第一百六十四条第一款、第三款的规定，为谋取不正当利益，给予公司、企业或者其他单位的工作人员以财物，数额较大的，处三年以下有期徒刑或者拘役，并处罚金；数额巨大的，处三年以上十年以下有期徒刑，并处罚金。单位犯上述罪的，对单位判处罚金，并对其直接负责的主管人员和其他直接责任人员，依照上述的规定处罚。刑法第三百八十九条第一款规定，为谋取不正当利益，给予国家工作人员以财物的，是行贿罪。对于经营者违反本法第七条规定，构成犯罪的，应当依照刑法第一百六十四条、第三百八十九条等规定，追究其刑事责任。又如，本法第三十条规定，监督检查部门的工作人员滥用职权、玩忽职守、徇私舞弊或者泄露调查过程中知悉的商业秘密的，依法给予处分。刑法第三百九十七条第一款规定，国家机关工作人员滥用职权或者玩忽职守，致使公共财产、国家和人民利益遭受重大损失的，处三年以下有期徒刑或者拘役；情节特别严重的，处三年以上七年以下有期徒刑。第二款规定，国家机关工作人员徇私舞弊，犯前款罪的，处五年以下有期徒刑或者拘役；情节特别严重的，处五年以上十年以下有期徒刑。对于监督检查部门的工作人员滥用职权、玩忽职守、徇私舞弊或者泄露调查过程中知悉的商业秘密，构成犯罪的，应当依照刑法第三百九十七条等规定追究其刑事责任。

56. 新修订的反不正当竞争法从何时开始施行？

反不正当竞争法第三十二条规定，本法自 2018 年 1 月 1 日起施行。

法律的施行日期也就是法律的生效日期，是法律实施不可缺少的部分。《中华人民共和国立法法》第五十七条规定，

“法律应当明确规定施行日期。”一部法律何时开始生效，一般是由该法律的具体性质和实际需要决定的，我国立法实践中通常有三种做法：一是规定该法律自公布之日起施行；二是规定该法律公布后一段期限截至后开始生效，具体时间为期限截至之时；三是直接规定该法律的具体生效时间，通常会为法律的实施留出一定的宣传和准备时间，这一方式目前使用最多，本法亦采用这一方式。

修改后的法律，有的以第一次制定的时间为施行日期，有的以修改后确定的日期为施行日期，采用何种方式与修改法律的形式有密切联系。目前，修改法律主要有两种形式：一种是修订，即对法律条文作全面修改，重新予以规定。全面修订大致相当于重新制定一部法律，因此法律的施行日期一般也会重新规定。另一种是对法律的部分条文通过修改决定的形式予以修改，未修改的部分继续施行。修改决定一般不修改法律的施行日期，仅规定修改决定的实施日期，即修改部分执行修改决定的生效日期，未修改部分执行原来法律规定的生效日期。本法此次修改为修订，因此对施行日期重新作了规定。考虑到新修订的反不正当竞争法既需要一定时间的实施准备和宣传，同时也是二十四年来首次修订，社会期盼较大，需尽快施行，因此规定本法自 2018 年 1 月 1 日起施行。本法施行后，本法施行前制定的其他有关不正当竞争行为的法律、法规的内容与本法不符的，以本法为准。

附录

一、法律原文及新旧对照表

中华人民共和国反不正当竞争法

（1993 年 9 月 2 日第八届全国人民代表大会常务委员会第三次会议通过 2017 年 11 月 4 日第十二届全国人民代表大会常务委员会第三十次会议修订）

目　　录

第一章　总　　则

第一条　为了促进社会主义市场经济健康发展，鼓励和保护公平竞争，制止不正当竞争行为，保护经营者和消费者的合法权益，制定本法。

第二条　经营者在生产经营活动中，应当遵循自愿、平等、公平、诚信的原则，遵守法律和商业道德。

本法所称的不正当竞争行为，是指经营者在生产经营活动中，违反本法规定，扰乱市场竞争秩序，损害其他经营者或者消费者的合法权益的行为。

本法所称的经营者，是指从事商品生产、经营或者提供服务（以下所称商品包括服务）的自然人、法人和非法人组织。

第三条　各级人民政府应当采取措施，制止不正当竞争行为，为公平竞争创造良好的环境和条件。

国务院建立反不正当竞争工作协调机制，研究决定反不正当竞争重大政策，协调处理维护市场竞争秩序的重大问题。

第四条　县级以上人民政府履行工商行政管理职责的部门对不正当竞争行为进行查处；法律、行政法规规定由其他部门查处的，依照其规定。

第五条　国家鼓励、支持和保护一切组织和个人对不正当竞争行为进行社会监督。

国家机关及其工作人员不得支持、包庇不正当竞争行为。

行业组织应当加强行业自律，引导、规范会员依法竞争，维护市场竞争秩序。

第二章　不正当竞争行为

第六条　经营者不得实施下列混淆行为，引人误认为是他人商品或者与他人存在特定联系：

（一）擅自使用与他人有一定影响的商品名称、包装、装潢等相同或者近似的标识；

（二）擅自使用他人有一定影响的企业名称（包括简称、字号等）、社会组织名称（包括简称等）、姓名（包括笔名、艺名、译名等）；

（三）擅自使用他人有一定影响的域名主体部分、网站名称、网页等；

（四）其他足以引人误认为是他人商品或者与他人存在特定联系的混淆行为。

第七条 经营者不得采用财物或者其他手段贿赂下列单位或者个人，以谋取交易机会或者竞争优势：

（一）交易相对方的工作人员；

（二）受交易相对方委托办理相关事务的单位或者个人；

（三）利用职权或者影响力影响交易的单位或者个人。

经营者在交易活动中，可以以明示方式向交易相对方支付折扣，或者向中间人支付佣金。经营者向交易相对方支付折扣、向中间人支付佣金的，应当如实入账。接受折扣、佣金的经营者也应当如实入账。

经营者的工作人员进行贿赂的，应当认定为经营者的行为；但是，经营者有证据证明该工作人员的行为与为经营者谋取交易机会或者竞争优势无关的除外。

第八条 经营者不得对其商品的性能、功能、质量、销售状况、用户评价、曾获荣誉等作虚假或者引人误解的商业宣传，欺骗、误导消费者。

经营者不得通过组织虚假交易等方式，帮助其他经营者进行虚假或者引人误解的商业宣传。

第九条 经营者不得实施下列侵犯商业秘密的行为：

（一）以盗窃、贿赂、欺诈、胁迫或者其他不正当手段获取权利人的商业秘密；

（二）披露、使用或者允许他人使用以前项手段获取的权利人的商业秘密；

（三）违反约定或者违反权利人有关保守商业秘密的要求，披露、使用或者允许他人使用其所掌握的商业秘密。

第三人明知或者应知商业秘密权利人的员工、前员工或者其他单位、个人实施前款所列违法行为，仍获取、披露、使用或者允许他人使用该商业秘密的，视为侵犯商业秘密。

本法所称的商业秘密，是指不为公众所知悉、具有商业价值并经权利人采取相应保密措施的技术信息和经营信息。

第十条　经营者进行有奖销售不得存在下列情形：

（一）所设奖的种类、兑奖条件、奖金金额或者奖品等有奖销售信息不明确，影响兑奖；

（二）采用谎称有奖或者故意让内定人员中奖的欺骗方式进行有奖销售；

（三）抽奖式的有奖销售，最高奖的金额超过五万元。

第十一条　经营者不得编造、传播虚假信息或者误导性信息，损害竞争对手的商业信誉、商品声誉。

第十二条　经营者利用网络从事生产经营活动，应当遵守本法的各项规定。

经营者不得利用技术手段，通过影响用户选择或者其他方式，实施下列妨碍、破坏其他经营者合法提供的网络产品或者服务正常运行的行为：

（一）未经其他经营者同意，在其合法提供的网络产品或者服务中，插入链接、强制进行目标跳转；

（二）误导、欺骗、强迫用户修改、关闭、卸载其他经营者合法提供的网络产品或者服务；

（三）恶意对其他经营者合法提供的网络产品或者服务实施不兼容；

（四）其他妨碍、破坏其他经营者合法提供的网络产品或者服务正常运行的行为。

第三章　对涉嫌不正当竞争行为的调查

第十三条　监督检查部门调查涉嫌不正当竞争行为，可以采取下列措施：

（一）进入涉嫌不正当竞争行为的经营场所进行检查；

（二）询问被调查的经营者、利害关系人及其他有关单位、个人，要求其说明有关情况或者提供与被调查行为有关的其他资料；

（三）查询、复制与涉嫌不正当竞争行为有关的协议、账簿、单据、文件、记录、业务函电和其他资料；

（四）查封、扣押与涉嫌不正当竞争行为有关的财物；

（五）查询涉嫌不正当竞争行为的经营者的银行账户。

采取前款规定的措施，应当向监督检查部门主要负责人书面报告，并经批准。采取前款第四项、第五项规定的措施，应当向设区的市级以上人民政府监督检查部门主要负责人书面报告，并经批准。

监督检查部门调查涉嫌不正当竞争行为，应当遵守《中华人民共和国行政强制法》和其他有关法律、行政法规的规定，并应当将查处结果及时向社会公开。

第十四条　监督检查部门调查涉嫌不正当竞争行为，被调查的经营者、利害关系人及其他有关单位、个人应当如实提供有关资料或者情况。

第十五条　监督检查部门及其工作人员对调查过程中知悉的商业秘密负有保密义务。

第十六条　对涉嫌不正当竞争行为，任何单位和个人有权向监督检查部门举报，监督检查部门接到举报后应当依法及时处理。

监督检查部门应当向社会公开受理举报的电话、信箱或者电子邮件地址，并为举报人保密。对实名举报并提供相关事实和证据的，监督检查部门应当将处理结果告知举报人。

第四章 法律责任

第十七条 经营者违反本法规定，给他人造成损害的，应当依法承担民事责任。

经营者的合法权益受到不正当竞争行为损害的，可以向人民法院提起诉讼。

因不正当竞争行为受到损害的经营者的赔偿数额，按照其因被侵权所受到的实际损失确定；实际损失难以计算的，按照侵权人因侵权所获得的利益确定。赔偿数额还应当包括经营者为制止侵权行为所支付的合理开支。

经营者违反本法第六条、第九条规定，权利人因被侵权所受到的实际损失、侵权人因侵权所获得的利益难以确定的，由人民法院根据侵权行为的情节判决给予权利人三百万元以下的赔偿。

第十八条 经营者违反本法第六条规定实施混淆行为的，由监督检查部门责令停止违法行为，没收违法商品。违法经营额五万元以上的，可以并处违法经营额五倍以下的罚款；没有违法经营额或者违法经营额不足五万元的，可以并处二十五万元以下的罚款。情节严重的，吊销营业执照。

经营者登记的企业名称违反本法第六条规定的，应当及时办理名称变更登记；名称变更前，由原企业登记机关以统一社会信用代码代替其名称。

第十九条 经营者违反本法第七条规定贿赂他人的，由监督检查部门没收违法所得，处十万元以上三百万元以下的罚款。情节严重的，吊销营业执照。

第二十条 经营者违反本法第八条规定对其商品作虚假或者引人误解的商业宣传，或者通过组织虚假交易等方式帮助其他经营者进行虚假或者引人误解的商业宣传的，由监督检查部门责令停止违法行为，处二十万元以上一百万元以下的罚款；情节严重的，处一百万元以上二百万元以下的罚款，可以吊销营业执照。

经营者违反本法第八条规定，属于发布虚假广告的，依照《中华人民共和国广告法》的规定处罚。

第二十一条 经营者违反本法第九条规定侵犯商业秘密的，由监督检查部门责令停止违法行为，处十万元以上五十万元以下的罚款；情节严重的，处五十万元以上三百万元以下的罚款。

第二十二条 经营者违反本法第十条规定进行有奖销售的，由监督检查部门责令停止违法行为，处五万元以上五十万元以下的罚款。

第二十三条 经营者违反本法第十一条规定损害竞争对手商业信誉、商品声誉的，由监督检查部门责令停止违法行为、消除影响，处十万元以上五十万元以下的罚款；情节严重的，处五十万元以上三百万元以下的罚款。

第二十四条 经营者违反本法第十二条规定妨碍、破坏其他经营者合法提供的网络产品或者服务正常运行的，由监督检查部门责令停止违法行为，处十万元以上五十万元以下的罚款；情节严重的，处五十万元以上三百万元以下的罚款。

第二十五条 经营者违反本法规定从事不正当竞争，有主动消除或者减轻违法行为危害后果等法定情形的，依法从轻或者减轻行政处罚；违法行为轻微并及时纠正，没有造成危害后果的，不予行政处罚。

第二十六条　经营者违反本法规定从事不正当竞争，受到行政处罚的，由监督检查部门记入信用记录，并依照有关法律、行政法规的规定予以公示。

第二十七条　经营者违反本法规定，应当承担民事责任、行政责任和刑事责任，其财产不足以支付的，优先用于承担民事责任。

第二十八条　妨害监督检查部门依照本法履行职责，拒绝、阻碍调查的，由监督检查部门责令改正，对个人可以处五千元以下的罚款，对单位可以处五万元以下的罚款，并可以由公安机关依法给予治安管理处罚。

第二十九条　当事人对监督检查部门作出的决定不服的，可以依法申请行政复议或者提起行政诉讼。

第三十条　监督检查部门的工作人员滥用职权、玩忽职守、徇私舞弊或者泄露调查过程中知悉的商业秘密的，依法给予处分。

第三十一条　违反本法规定，构成犯罪的，依法追究刑事责任。

第五章　附　　则

第三十二条　本法自 2018 年 1 月 1 日起施行。

中华人民共和国反不正当竞争法
修改前后对照表

（条文中黑体部分是对修订前反不正当竞争法条文所作的修改或者补充内容，波浪线表示原文删掉的内容）

1993 年反不正当竞争法	2017 年反不正当竞争法
第一章　总　　则	**第一章　总　　则**
第一条　为保障社会主义市场经济健康发展，鼓励和保护公平竞争，制止不正当竞争行为，保护经营者和消费者的合法权益，制定本法。	**第一条**　为**了促进**社会主义市场经济健康发展，鼓励和保护公平竞争，制止不正当竞争行为，保护经营者和消费者的合法权益，制定本法。
第二条　经营者在市场交易中，应当遵循自愿、平等、公平、诚实信用的原则，遵守公认的商业道德。 本法所称的不正当竞争，是指经营者违反本法规定，损害其他经营者的合法权益，扰乱社会经济秩序的行为。 本法所称的经营者，是指从事商品经营或者营利性服务（以下所称商品包括服务）的法人、其他经济组织和个人。	**第二条**　经营者在**生产经营活动**中，应当遵循自愿、平等、公平、诚信的原则，遵守**法律和**商业道德。 本法所称的不正当竞争**行为**，是指经营者**在生产经营活动中**，违反本法规定，**扰乱市场竞争秩序**，损害其他经营者或者消费者的合法权益的行为。 本法所称的经营者，是指从事商品**生产**、经营或者**提供**服务（以下所称商品包括服务）的**自然人**、法人和**非法人组织**。

1993年反不正当竞争法	2017年反不正当竞争法
第三条　各级人民政府应当采取措施，制止不正当竞争行为，为公平竞争创造良好的环境和条件。 县级以上人民政府工商行政管理部门对不正当竞争行为进行监督检查；法律、行政法规规定由其他部门监督检查的，依照其规定。	**第三条**　各级人民政府应当采取措施，制止不正当竞争行为，为公平竞争创造良好的环境和条件。 **国务院建立反不正当竞争工作协调机制，研究决定反不正当竞争重大政策，协调处理维护市场竞争秩序的重大问题。** **第四条**　县级以上人民政府**履行**工商行政管理**职责的**部门对不正当竞争行为进行查**处**；法律、行政法规规定由其他部门查**处**的，依照其规定。
第四条　国家鼓励、支持和保护一切组织和个人对不正当竞争行为进行社会监督。 国家机关工作人员不得支持、包庇不正当竞争行为。	**第五条**　国家鼓励、支持和保护一切组织和个人对不正当竞争行为进行社会监督。 国家机关**及其**工作人员不得支持、包庇不正当竞争行为。 **行业组织应当加强行业自律，引导、规范会员依法竞争，维护市场竞争秩序。**
第二章　不正当竞争行为	**第二章　不正当竞争行为**
第五条　经营者不得采用下列不正当手段从事市场交易，损害竞争对手： （一）假冒他人的注册商标； （二）擅自使用知名商品特有的名称、包装、装潢，或者使用与知名商品近似的名称、包装、	**第六条**　经营者不得**实施下列混淆行为，引人误认为是他人商品或者与他人存在特定联系：** （一）擅自使用**与他人有一定影响的**商品名称、包装、装潢**等相同或者近似的标识；** （二）擅自使用他人**有一定**

1993 年反不正当竞争法	2017 年反不正当竞争法
装潢，造成和他人的知名商品相混淆，使购买者误认为是该知名商品； （三）擅自使用他人的企业名称或者姓名，引人误认为是他人的商品； （四）在商品上伪造或者冒用认证标志、名优标志等质量标志，伪造产地，对商品质量作引人误解的虚假表示。	影响的企业名称（包括简称、字号等）、社会组织名称（包括简称等）、姓名（包括笔名、艺名、译名等）； **（三）擅自使用他人有一定影响的域名主体部分、网站名称、网页等；** **（四）其他足以引人误认为是他人商品或者与他人存在特定联系的混淆行为。**
第六条 公用企业或者其他依法具有独占地位的经营者，不得限定他人购买其指定的经营者的商品，以排挤其他经营者的公平竞争。	（删除）
第七条 政府及其所属部门不得滥用行政权力，限定他人购买其指定的经营者的商品，限制其他经营者正当的经营活动。 政府及其所属部门不得滥用行政权力，限制外地商品进入本地市场，或者本地商品流向外地市场。	（删除）
第八条 经营者不得采用财物或者其他手段进行贿赂以销售或者购买商品。在帐外暗中给予对方单位或者个人回扣的，以行贿论处；对方单位或者个人在帐外暗中收受回扣的，以受贿论处。	**第七条** 经营者不得采用财物或者其他手段贿赂**下列单位或者个人，以谋取交易机会或者竞争优势：** **（一）交易相对方的工作人员；**

1993 年反不正当竞争法	2017 年反不正当竞争法
经营者销售或者购买商品，可以以明示方式给对方折扣，可以给中间人佣金。经营者给对方折扣、给中间人佣金的，必须如实入帐。接受折扣、佣金的经营者必须如实入帐。	**（二）受交易相对方委托办理相关事务的单位或者个人；** **（三）利用职权或者影响力影响交易的单位或者个人。** 经营者**在交易活动中**，可以以明示方式**向交易相对方支付**折扣，**或者向**中间人**支付**佣金。经营者**向交易相对方支付**折扣、**向**中间人**支付**佣金的，**应当**如实入账。接受折扣、佣金的经营者**也应当**如实入账。 **经营者的工作人员进行贿赂的，应当认定为经营者的行为；但是，经营者有证据证明该工作人员的行为与为经营者谋取交易机会或者竞争优势无关的除外。**
第九条　经营者不得利用广告或者其他方法，对商品的质量、制作成分、性能、用途、生产者、有效期限、产地等作引人误解的虚假宣传。 广告的经营者不得在明知或者应知的情况下，代理、设计、制作、发布虚假广告。	**第八条**　经营者不得对其商品的性能、**功能**、质量、**销售状况、用户评价、曾获荣誉**等作虚假**或者**引人误解的商业宣传，**欺骗、误导消费者。** **经营者不得通过组织虚假交易等方式，帮助其他经营者进行虚假或者引人误解的商业宣传。**
第十条　经营者不得采用下列手段侵犯商业秘密： （一）以盗窃、利诱、胁迫或者其他不正当手段获取权利人的商业秘密；	**第九条**　经营者不得**实施**下列侵犯商业秘密**的行为**： （一）以盗窃、**贿赂、欺诈、**胁迫或者其他不正当手段获取权利人的商业秘密；

1993 年反不正当竞争法	2017 年反不正当竞争法
（二）披露、使用或者允许他人使用以前项手段获取的权利人的商业秘密； （三）违反约定或者违反权利人有关保守商业秘密的要求，披露、使用或者允许他人使用其所掌握的商业秘密。 第三人明知或者应知前款所列违法行为，获取、使用或者披露他人的商业秘密，视为侵犯商业秘密。 本条所称的商业秘密，是指不为公众所知悉、能为权利人带来经济利益、具有实用性并经权利人采取保密措施的技术信息和经营信息。	（二）披露、使用或者允许他人使用以前项手段获取的权利人的商业秘密； （三）违反约定或者违反权利人有关保守商业秘密的要求，披露、使用或者允许他人使用其所掌握的商业秘密。 第三人明知或者应知**商业秘密权利人的员工、前员工或者其他单位、个人实施**前款所列违法行为，**仍**获取、**披露**、使用或者**允许他人使用该**商业秘密**的**，视为侵犯商业秘密。 本**法**所称的商业秘密，是指不为公众所知悉、具有**商业价值**并经权利人采取**相应**保密措施的技术信息和经营信息。
第十一条　经营者不得以排挤竞争对手为目的，以低于成本的价格销售商品。 有下列情形之一的，不属于不正当竞争行为： （一）销售鲜活商品； （二）处理有效期限即将到期的商品或者其他积压的商品； （三）季节性降价； （四）因清偿债务、转产、歇业降价销售商品。	（删除）

1993 年反不正当竞争法	2017 年反不正当竞争法
第十二条　经营者销售商品，不得违背购买者的意愿搭售商品或者附加其他不合理的条件。	（删除）
第十三条　经营者不得从事下列有奖销售： （一）采用谎称有奖或者故意让内定人员中奖的欺骗方式进行有奖销售； （二）利用有奖销售的手段推销质次价高的商品； （三）抽奖式的有奖销售，最高奖的金额超过五千元。	**第十条**　经营者**进行**有奖销售**不得存在下列情形**： **（一）所设奖的种类、兑奖条件、奖金金额或者奖品等有奖销售信息不明确，影响兑奖；** （二）采用谎称有奖或者故意让内定人员中奖的欺骗方式进行有奖销售； （三）抽奖式的有奖销售，最高奖的金额超过五**万**元。
第十四条　经营者不得捏造、散布虚伪事实，损害竞争对手的商业信誉、商品声誉。	**第十一条**　经营者不得**编造、传播虚假信息或者误导性信息**，损害竞争对手的商业信誉、商品声誉。
第十五条　投标者不得串通投标，抬高标价或者压低标价。 投标者和招标者不得相互勾结，以排挤竞争对手的公平竞争。	（删除）
	第十二条　经营者利用网络从事生产经营活动，应当遵守本法的各项规定。 **经营者不得利用技术手段，通过影响用户选择或者其他方式，实施下列妨碍、破坏其他经营者合法提供的网络产品或者服**

1993 年反不正当竞争法	2017 年反不正当竞争法
	务正常运行的行为： （一）未经其他经营者同意，在其合法提供的网络产品或者服务中，插入链接、强制进行目标跳转； （二）误导、欺骗、强迫用户修改、关闭、卸载其他经营者合法提供的网络产品或者服务； （三）恶意对其他经营者合法提供的网络产品或者服务实施不兼容； （四）其他妨碍、破坏其他经营者合法提供的网络产品或者服务正常运行的行为。
第三章　监督检查	第三章　对涉嫌不正当竞争行为的调查
第十六条　县级以上监督检查部门对不正当竞争行为，可以进行监督检查。	（删除）
第十七条　监督检查部门在监督检查不正当竞争行为时，有权行使下列职权： （一）按照规定程序询问被检查的经营者、利害关系人、证明人，并要求提供证明材料或者与不正当竞争行为有关的其他资料； （二）查询、复制与不正当	第十三条　监督检查部门调查涉嫌不正当竞争行为，可以采取下列措施： （一）进入涉嫌不正当竞争行为的经营场所进行检查； （二）询问被调查的经营者、利害关系人及其他有关单位、个人，要求其说明有关情况或者提供与被调查行为有关的其他资料；

1993 年反不正当竞争法	2017 年反不正当竞争法
竞争行为有关的协议、帐册、单据、文件、记录、业务函电和其他资料； （三）检查与本法第五条规定的不正当竞争行为有关的财物，必要时可以责令被检查的经营者说明该商品的来源和数量，暂停销售，听候检查，不得转移、隐匿、销毁该财物。 **第十八条** 监督检查部门工作人员监督检查不正当竞争行为时，应当出示检查证件。	（三）查询、复制与涉嫌不正当竞争行为有关的协议、账簿、单据、文件、记录、业务函电和其他资料； **（四）查封、扣押与涉嫌不正当竞争行为有关的财物；** **（五）查询涉嫌不正当竞争行为的经营者的银行账户。** **采取前款规定的措施，应当向监督检查部门主要负责人书面报告，并经批准。采取前款第四项、第五项规定的措施，应当向设区的市级以上人民政府监督检查部门主要负责人书面报告，并经批准。** **监督检查部门调查涉嫌不正当竞争行为，应当遵守《中华人民共和国行政强制法》和其他有关法律、行政法规的规定，并应当将查处结果及时向社会公开。**
第十九条 监督检查部门在监督检查不正当竞争行为时，被检查的经营者、利害关系人和证明人应当如实提供有关资料或者情况。	**第十四条** 监督检查部门调查涉嫌不正当竞争行为，被调查的经营者、利害关系人及其他有关单位、个人应当如实提供有关资料或者情况。
	第十五条 监督检查部门及其工作人员对调查过程中知悉的商业秘密负有保密义务。

1993 年反不正当竞争法	2017 年反不正当竞争法
	第十六条　对涉嫌不正当竞争行为，任何单位和个人有权向监督检查部门举报，监督检查部门接到举报后应当依法及时处理。 监督检查部门应当向社会公开受理举报的电话、信箱或者电子邮件地址，并为举报人保密。对实名举报并提供相关事实和证据的，监督检查部门应当将处理结果告知举报人。
第四章　法律责任	第四章　法律责任
第二十条　经营者违反本法规定，给被侵害的经营者造成损害的，应当承担损害赔偿责任，被侵害的经营者的损失难以计算的，赔偿额为侵权人在侵权期间因侵权所获得的利润；并应当承担被侵害的经营者因调查该经营者侵害其合法权益的不正当竞争行为所支付的合理费用。 被侵害的经营者的合法权益受到不正当竞争行为损害的，可以向人民法院提起诉讼。	第十七条　经营者违反本法规定，给他人造成损害的，应当依法承担民事责任。 经营者的合法权益受到不正当竞争行为损害的，可以向人民法院提起诉讼。 因不正当竞争行为受到损害的经营者的赔偿数额，按照其因被侵权所受到的实际损失确定；实际损失难以计算的，按照侵权人因侵权所获得的利益确定。赔偿数额还应当包括经营者为制止侵权行为所支付的合理开支。 经营者违反本法第六条、第九条规定，权利人因被侵权所受到的实际损失、侵权人因侵权所获得的利益难以确定的，由人民法院根据侵权行为的情节判决给予权利人三百万元以下的赔偿。

1993 年反不正当竞争法	2017 年反不正当竞争法
第二十一条　经营者假冒他人的注册商标，擅自使用他人的企业名称或者姓名，伪造或者冒用认证标志、名优标志等质量标志，伪造产地，对商品质量作引人误解的虚假表示的，依照《中华人民共和国商标法》、《中华人民共和国产品质量法》的规定处罚。 经营者擅自使用知名商品特有的名称、包装、装潢，或者使用与知名商品近似的名称、包装、装潢，造成和他人的知名商品相混淆，使购买者误认为是该知名商品的，监督检查部门应当责令停止违法行为，没收违法所得，可以根据情节处以违法所得一倍以上三倍以下的罚款；情节严重的，可以吊销营业执照；销售伪劣商品，构成犯罪的，依法追究刑事责任。	**第十八条**　经营者**违反本法第六条规定实施混淆行为的**，由监督检查部门责令停止违法行为，没收违法**商品。违法经营额五万元以上的，可以并处违法经营额五倍以下的**罚款；**没有违法经营额或者违法经营额不足五万元的，可以并处二十五万元以下的**罚款。情节严重的，吊销营业执照。 **经营者登记的企业名称违反本法第六条规定的，应当及时办理名称变更登记；名称变更前，由原企业登记机关以统一社会信用代码代替其名称。**
第二十二条　经营者采用财物或者其他手段进行贿赂以销售或者购买商品，构成犯罪的，依法追究刑事责任；不构成犯罪的，监督检查部门可以根据情节处以一万元以上二十万元以下的罚款，有违法所得的，予以没收。	**第十九条**　经营者**违反本法第七条规定贿赂他人的**，由监督检查部门**没收违法所得，处十万元以上三百万元以下**的罚款。**情节严重的，吊销营业执照。**

1993 年反不正当竞争法	2017 年反不正当竞争法
第二十三条 公用企业或者其他依法具有独占地位的经营者，限定他人购买其指定的经营者的商品，以排挤其他经营者的公平竞争的，省级或者设区的市的监督检查部门应当责令停止违法行为，可以根据情节处以五万元以上二十万元以下的罚款。被指定的经营者借此销售质次价高商品或者滥收费用的，监督检查部门应当没收违法所得，可以根据情节处以违法所得一倍以上三倍以下的罚款。	（删除）
第二十四条 经营者利用广告或者其他方法，对商品作引人误解的虚假宣传的，监督检查部门应当责令停止违法行为，消除影响，可以根据情节处以一万元以上二十万元以下的罚款。 广告的经营者，在明知或者应知的情况下，代理、设计、制作、发布虚假广告的，监督检查部门应当责令停止违法行为，没收违法所得，并依法处以罚款。	**第二十条** 经营者**违反本法第八条规定对其**商品作**虚假或者**引人误解的**商业**宣传，**或者通过组织虚假交易等方式帮助其他经营者进行虚假或者引人误解的商业宣传**的，**由**监督检查部门责令停止违法行为，**处二十万元以上一百万元以下**的罚款；**情节严重的，处一百万元以上二百万元以下**的罚款，**可以吊销营业执照**。 **经营者违反本法第八条规定，属于发布虚假广告的，依照《中华人民共和国广告法》的规定处罚。**

1993年反不正当竞争法	2017年反不正当竞争法
第二十五条 违反本法第十条规定侵犯商业秘密的，监督检查部门应当责令停止违法行为，可以根据情节处以一万元以上二十万元以下的罚款。	**第二十一条** **经营者**违反本法第**九**条规定侵犯商业秘密的，**由**监督检查部门责令停止违法行为，**处十万元以上五十万元以下**的罚款；**情节严重的，处五十万元以上三百万元以下**的罚款。
第二十六条 经营者违反本法第十三条规定进行有奖销售的，监督检查部门应当责令停止违法行为，可以根据情节处以一万元以上十万元以下的罚款。	**第二十二条** 经营者违反本法第十条规定进行有奖销售的，**由**监督检查部门责令停止违法行为，处**五万元以上五十万元以下**的罚款。
	第二十三条 经营者违反本法第十一条规定损害竞争对手商业信誉、商品声誉的，由监督检查部门责令停止违法行为、消除影响，处十万元以上五十万元以下的罚款；情节严重的，处五十万元以上三百万元以下的罚款。
第二十七条 投标者串通投标，抬高标价或者压低标价；投标者和招标者相互勾结，以排挤竞争对手的公平竞争的，其中标无效。监督检查部门可以根据情节处以一万元以上二十万元以下的罚款。	（删除）

1993 年反不正当竞争法	2017 年反不正当竞争法
	第二十四条　经营者违反本法第十二条规定妨碍、破坏其他经营者合法提供的网络产品或者服务正常运行的，由监督检查部门责令停止违法行为，处十万元以上五十万元以下的罚款；情节严重的，处五十万元以上三百万元以下的罚款。
	第二十五条　经营者违反本法规定从事不正当竞争，有主动消除或者减轻违法行为危害后果等法定情形的，依法从轻或者减轻行政处罚；违法行为轻微并及时纠正，没有造成危害后果的，不予行政处罚。
	第二十六条　经营者违反本法规定从事不正当竞争，受到行政处罚的，由监督检查部门记入信用记录，并依照有关法律、行政法规的规定予以公示。
	第二十七条　经营者违反本法规定，应当承担民事责任、行政责任和刑事责任，其财产不足以支付的，优先用于承担民事责任。

1993 年反不正当竞争法	2017 年反不正当竞争法
第二十八条　经营者有违反被责令暂停销售，不得转移、隐匿、销毁与不正当竞争行为有关的财物的行为的，监督检查部门可以根据情节处以被销售、转移、隐匿、销毁财物的价款的一倍以上三倍以下的罚款。	**第二十八条　妨害监督检查部门依照本法履行职责，拒绝、阻碍调查的，由**监督检查部门**责令改正，对个人可以处五千元以下的罚款，对单位可以处五万元以下的**罚款，**并可以由公安机关依法给予治安管理处罚。**
第二十九条　当事人对监督检查部门作出的处罚决定不服的，可以自收到处罚决定之日起十五日内向上一级主管机关申请复议；对复议决定不服的，可以自收到复议决定书之日起十五日内向人民法院提起诉讼；也可以直接向人民法院提起诉讼。	**第二十九条**　当事人对监督检查部门作出的决定不服的，可以**依法申请行政**复议**或者提起行政**诉讼。
第三十条　政府及其所属部门违反本法第七条规定，限定他人购买其指定的经营者的商品、限制其他经营者正当的经营活动，或者限制商品在地区之间正常流通的，由上级机关责令其改正；情节严重的，由同级或者上级机关对直接责任人员给予行政处分。被指定的经营者借此销售质次价高商品或者滥收费用的，监督检查部门应当没收违法所得，可以根据情节处以违法所得一倍以上三倍以下的罚款。	（删除）

1993 年反不正当竞争法	2017 年反不正当竞争法
第三十一条 监督检查不正当竞争行为的国家机关工作人员滥用职权、玩忽职守，构成犯罪的，依法追究刑事责任；不构成犯罪的，给予行政处分。 **第三十二条** 监督检查不正当竞争行为的国家机关工作人员徇私舞弊，对明知有违反本法规定构成犯罪的经营者故意包庇不使他受追诉的，依法追究刑事责任。	**第三十条** 监督检查**部门的**工作人员滥用职权、玩忽职守、徇私舞弊**或者泄露调查过程中知悉的商业秘密**的，依法给予处分。
	第三十一条 违反本法规定，构成犯罪的，依法追究刑事责任。
第五章 附 则	**第五章 附 则**
第三十三条 本法自1993 年12 月 1 日起施行。	**第三十二条** 本法自 2018 年 1 月 1 日起施行。

二、相关法律法规

中华人民共和国反垄断法

（2007 年 8 月 30 日第十届全国人民代表大会常务委员会第二十九次会议通过　2007 年 8 月 30 日中华人民共和国主席令第 68 号公布　自 2008 年 8 月 1 日起施行）

目　　录

第一章　总　　则

第一条　为了预防和制止垄断行为，保护市场公平竞争，提高经济运行效率，维护消费者利益和社会公共利益，促进社会主义市场经济健康发展，制定本法。

第二条 中华人民共和国境内经济活动中的垄断行为，适用本法；中华人民共和国境外的垄断行为，对境内市场竞争产生排除、限制影响的，适用本法。

第三条 本法规定的垄断行为包括：

（一）经营者达成垄断协议；

（二）经营者滥用市场支配地位；

（三）具有或者可能具有排除、限制竞争效果的经营者集中。

第四条 国家制定和实施与社会主义市场经济相适应的竞争规则，完善宏观调控，健全统一、开放、竞争、有序的市场体系。

第五条 经营者可以通过公平竞争、自愿联合，依法实施集中，扩大经营规模，提高市场竞争能力。

第六条 具有市场支配地位的经营者，不得滥用市场支配地位，排除、限制竞争。

第七条 国有经济占控制地位的关系国民经济命脉和国家安全的行业以及依法实行专营专卖的行业，国家对其经营者的合法经营活动予以保护，并对经营者的经营行为及其商品和服务的价格依法实施监管和调控，维护消费者利益，促进技术进步。

前款规定行业的经营者应当依法经营，诚实守信，严格自律，接受社会公众的监督，不得利用其控制地位或者专营专卖地位损害消费者利益。

第八条 行政机关和法律、法规授权的具有管理公共事务职能的组织不得滥用行政权力，排除、限制竞争。

第九条 国务院设立反垄断委员会，负责组织、协调、指导反垄断工作，履行下列职责：

（一）研究拟订有关竞争政策；

（二）组织调查、评估市场总体竞争状况，发布评估报告；

（三）制定、发布反垄断指南；

（四）协调反垄断行政执法工作；

（五）国务院规定的其他职责。

国务院反垄断委员会的组成和工作规则由国务院规定。

第十条　国务院规定的承担反垄断执法职责的机构（以下统称国务院反垄断执法机构）依照本法规定，负责反垄断执法工作。

国务院反垄断执法机构根据工作需要，可以授权省、自治区、直辖市人民政府相应的机构，依照本法规定负责有关反垄断执法工作。

第十一条　行业协会应当加强行业自律，引导本行业的经营者依法竞争，维护市场竞争秩序。

第十二条　本法所称经营者，是指从事商品生产、经营或者提供服务的自然人、法人和其他组织。

本法所称相关市场，是指经营者在一定时期内就特定商品或者服务（以下统称商品）进行竞争的商品范围和地域范围。

第二章　垄断协议

第十三条　禁止具有竞争关系的经营者达成下列垄断协议：

（一）固定或者变更商品价格；

（二）限制商品的生产数量或者销售数量；

（三）分割销售市场或者原材料采购市场；

（四）限制购买新技术、新设备或者限制开发新技术、新产品；

（五）联合抵制交易；

（六）国务院反垄断执法机构认定的其他垄断协议。

本法所称垄断协议，是指排除、限制竞争的协议、决定或者其他协同行为。

第十四条 禁止经营者与交易相对人达成下列垄断协议：

（一）固定向第三人转售商品的价格；

（二）限定向第三人转售商品的最低价格；

（三）国务院反垄断执法机构认定的其他垄断协议。

第十五条 经营者能够证明所达成的协议属于下列情形之一的，不适用本法第十三条、第十四条的规定：

（一）为改进技术、研究开发新产品的；

（二）为提高产品质量、降低成本、增进效率，统一产品规格、标准或者实行专业化分工的；

（三）为提高中小经营者经营效率，增强中小经营者竞争力的；

（四）为实现节约能源、保护环境、救灾救助等社会公共利益的；

（五）因经济不景气，为缓解销售量严重下降或者生产明显过剩的；

（六）为保障对外贸易和对外经济合作中的正当利益的；

（七）法律和国务院规定的其他情形。

属于前款第一项至第五项情形，不适用本法第十三条、第十四条规定的，经营者还应当证明所达成的协议不会严重限制相关市场的竞争，并且能够使消费者分享由此产生的利益。

第十六条 行业协会不得组织本行业的经营者从事本章禁止的垄断行为。

第三章　滥用市场支配地位

第十七条 禁止具有市场支配地位的经营者从事下列滥用市场支配地位的行为：

（一）以不公平的高价销售商品或者以不公平的低价购买商品；

（二）没有正当理由，以低于成本的价格销售商品；

（三）没有正当理由，拒绝与交易相对人进行交易；

（四）没有正当理由，限定交易相对人只能与其进行交易或者只能与其指定的经营者进行交易；

（五）没有正当理由搭售商品，或者在交易时附加其他不合理的交易条件；

（六）没有正当理由，对条件相同的交易相对人在交易价格等交易条件上实行差别待遇；

（七）国务院反垄断执法机构认定的其他滥用市场支配地位的行为。

本法所称市场支配地位，是指经营者在相关市场内具有能够控制商品价格、数量或者其他交易条件，或者能够阻碍、影响其他经营者进入相关市场能力的市场地位。

第十八条　认定经营者具有市场支配地位，应当依据下列因素：

（一）该经营者在相关市场的市场份额，以及相关市场的竞争状况；

（二）该经营者控制销售市场或者原材料采购市场的能力；

（三）该经营者的财力和技术条件；

（四）其他经营者对该经营者在交易上的依赖程度；

（五）其他经营者进入相关市场的难易程度；

（六）与认定该经营者市场支配地位有关的其他因素。

第十九条　有下列情形之一的，可以推定经营者具有市场支配地位：

（一）一个经营者在相关市场的市场份额达到二分之一的；

（二）两个经营者在相关市场的市场份额合计达到三分之二的；

（三）三个经营者在相关市场的市场份额合计达到四分之三的。

有前款第二项、第三项规定的情形，其中有的经营者市场份额不足十分之一的，不应当推定该经营者具有市场支配地位。

被推定具有市场支配地位的经营者，有证据证明不具有市场支配地位的，不应当认定其具有市场支配地位。

第四章　经营者集中

第二十条　经营者集中是指下列情形：

（一）经营者合并；

（二）经营者通过取得股权或者资产的方式取得对其他经营者的控制权；

（三）经营者通过合同等方式取得对其他经营者的控制权或者能够对其他经营者施加决定性影响。

第二十一条　经营者集中达到国务院规定的申报标准的，经营者应当事先向国务院反垄断执法机构申报，未申报的不得实施集中。

第二十二条　经营者集中有下列情形之一的，可以不向国务院反垄断执法机构申报：

（一）参与集中的一个经营者拥有其他每个经营者百分之五十以上有表决权的股份或者资产的；

（二）参与集中的每个经营者百分之五十以上有表决权的股份或者资产被同一个未参与集中的经营者拥有的。

第二十三条　经营者向国务院反垄断执法机构申报集中，应当提交下列文件、资料：

（一）申报书；

（二）集中对相关市场竞争状况影响的说明；

（三）集中协议；

（四）参与集中的经营者经会计师事务所审计的上一会计年度财务会计报告；

（五）国务院反垄断执法机构规定的其他文件、资料。

申报书应当载明参与集中的经营者的名称、住所、经营范围、预定实施集中的日期和国务院反垄断执法机构规定的其他事项。

第二十四条　经营者提交的文件、资料不完备的，应当在国务院反垄断执法机构规定的期限内补交文件、资料。经营者逾期未补交文件、资料的，视为未申报。

第二十五条　国务院反垄断执法机构应当自收到经营者提交的符合本法第二十三条规定的文件、资料之日起三十日内，对申报的经营者集中进行初步审查，作出是否实施进一步审查的决定，并书面通知经营者。国务院反垄断执法机构作出决定前，经营者不得实施集中。

国务院反垄断执法机构作出不实施进一步审查的决定或者逾期未作出决定的，经营者可以实施集中。

第二十六条　国务院反垄断执法机构决定实施进一步审查的，应当自决定之日起九十日内审查完毕，作出是否禁止经营者集中的决定，并书面通知经营者。作出禁止经营者集中的决定，应当说明理由。审查期间，经营者不得实施集中。

有下列情形之一的，国务院反垄断执法机构经书面通知经营者，可以延长前款规定的审查期限，但最长不得超过六十日：

（一）经营者同意延长审查期限的；

（二）经营者提交的文件、资料不准确，需要进一步核实的；

（三）经营者申报后有关情况发生重大变化的。

国务院反垄断执法机构逾期未作出决定的，经营者可以实施集中。

第二十七条　审查经营者集中，应当考虑下列因素：

（一）参与集中的经营者在相关市场的市场份额及其对市场的控制力；

（二）相关市场的市场集中度；

（三）经营者集中对市场进入、技术进步的影响；

（四）经营者集中对消费者和其他有关经营者的影响；

（五）经营者集中对国民经济发展的影响；

（六）国务院反垄断执法机构认为应当考虑的影响市场竞争的其他因素。

第二十八条 经营者集中具有或者可能具有排除、限制竞争效果的，国务院反垄断执法机构应当作出禁止经营者集中的决定。但是，经营者能够证明该集中对竞争产生的有利影响明显大于不利影响，或者符合社会公共利益的，国务院反垄断执法机构可以作出对经营者集中不予禁止的决定。

第二十九条 对不予禁止的经营者集中，国务院反垄断执法机构可以决定附加减少集中对竞争产生不利影响的限制性条件。

第三十条 国务院反垄断执法机构应当将禁止经营者集中的决定或者对经营者集中附加限制性条件的决定，及时向社会公布。

第三十一条 对外资并购境内企业或者以其他方式参与经营者集中，涉及国家安全的，除依照本法规定进行经营者集中审查外，还应当按照国家有关规定进行国家安全审查。

第五章 滥用行政权力排除、限制竞争

第三十二条 行政机关和法律、法规授权的具有管理公共事务职能的组织不得滥用行政权力，限定或者变相限定单位或者个人经营、购买、使用其指定的经营者提供的商品。

第三十三条 行政机关和法律、法规授权的具有管理公共事务职能的组织不得滥用行政权力，实施下列行为，妨碍商品在地区之间的

自由流通：

（一）对外地商品设定歧视性收费项目、实行歧视性收费标准，或者规定歧视性价格；

（二）对外地商品规定与本地同类商品不同的技术要求、检验标准，或者对外地商品采取重复检验、重复认证等歧视性技术措施，限制外地商品进入本地市场；

（三）采取专门针对外地商品的行政许可，限制外地商品进入本地市场；

（四）设置关卡或者采取其他手段，阻碍外地商品进入或者本地商品运出；

（五）妨碍商品在地区之间自由流通的其他行为。

第三十四条　行政机关和法律、法规授权的具有管理公共事务职能的组织不得滥用行政权力，以设定歧视性资质要求、评审标准或者不依法发布信息等方式，排斥或者限制外地经营者参加本地的招标投标活动。

第三十五条　行政机关和法律、法规授权的具有管理公共事务职能的组织不得滥用行政权力，采取与本地经营者不平等待遇等方式，排斥或者限制外地经营者在本地投资或者设立分支机构。

第三十六条　行政机关和法律、法规授权的具有管理公共事务职能的组织不得滥用行政权力，强制经营者从事本法规定的垄断行为。

第三十七条　行政机关不得滥用行政权力，制定含有排除、限制竞争内容的规定。

第六章　对涉嫌垄断行为的调查

第三十八条　反垄断执法机构依法对涉嫌垄断行为进行调查。

对涉嫌垄断行为，任何单位和个人有权向反垄断执法机构举报。反垄断执法机构应当为举报人保密。

举报采用书面形式并提供相关事实和证据的，反垄断执法机构应当进行必要的调查。

第三十九条 反垄断执法机构调查涉嫌垄断行为，可以采取下列措施：

（一）进入被调查的经营者的营业场所或者其他有关场所进行检查；

（二）询问被调查的经营者、利害关系人或者其他有关单位或者个人，要求其说明有关情况；

（三）查阅、复制被调查的经营者、利害关系人或者其他有关单位或者个人的有关单证、协议、会计账簿、业务函电、电子数据等文件、资料；

（四）查封、扣押相关证据；

（五）查询经营者的银行账户。

采取前款规定的措施，应当向反垄断执法机构主要负责人书面报告，并经批准。

第四十条 反垄断执法机构调查涉嫌垄断行为，执法人员不得少于二人，并应当出示执法证件。

执法人员进行询问和调查，应当制作笔录，并由被询问人或者被调查人签字。

第四十一条 反垄断执法机构及其工作人员对执法过程中知悉的商业秘密负有保密义务。

第四十二条 被调查的经营者、利害关系人或者其他有关单位或者个人应当配合反垄断执法机构依法履行职责，不得拒绝、阻碍反垄断执法机构的调查。

第四十三条 被调查的经营者、利害关系人有权陈述意见。反垄断执法机构应当对被调查的经营者、利害关系人提出的事实、理由和证据进行核实。

第四十四条　反垄断执法机构对涉嫌垄断行为调查核实后，认为构成垄断行为的，应当依法作出处理决定，并可以向社会公布。

第四十五条　对反垄断执法机构调查的涉嫌垄断行为，被调查的经营者承诺在反垄断执法机构认可的期限内采取具体措施消除该行为后果的，反垄断执法机构可以决定中止调查。中止调查的决定应当载明被调查的经营者承诺的具体内容。

反垄断执法机构决定中止调查的，应当对经营者履行承诺的情况进行监督。经营者履行承诺的，反垄断执法机构可以决定终止调查。

有下列情形之一的，反垄断执法机构应当恢复调查：

（一）经营者未履行承诺的；

（二）作出中止调查决定所依据的事实发生重大变化的；

（三）中止调查的决定是基于经营者提供的不完整或者不真实的信息作出的。

第七章　法律责任

第四十六条　经营者违反本法规定，达成并实施垄断协议的，由反垄断执法机构责令停止违法行为，没收违法所得，并处上一年度销售额百分之一以上百分之十以下的罚款；尚未实施所达成的垄断协议的，可以处五十万元以下的罚款。

经营者主动向反垄断执法机构报告达成垄断协议的有关情况并提供重要证据的，反垄断执法机构可以酌情减轻或者免除对该经营者的处罚。

行业协会违反本法规定，组织本行业的经营者达成垄断协议的，反垄断执法机构可以处五十万元以下的罚款；情节严重的，社会团体登记管理机关可以依法撤销登记。

第四十七条 经营者违反本法规定，滥用市场支配地位的，由反垄断执法机构责令停止违法行为，没收违法所得，并处上一年度销售额百分之一以上百分之十以下的罚款。

第四十八条 经营者违反本法规定实施集中的，由国务院反垄断执法机构责令停止实施集中、限期处分股份或者资产、限期转让营业以及采取其他必要措施恢复到集中前的状态，可以处五十万元以下的罚款。

第四十九条 对本法第四十六条、第四十七条、第四十八条规定的罚款，反垄断执法机构确定具体罚款数额时，应当考虑违法行为的性质、程度和持续的时间等因素。

第五十条 经营者实施垄断行为，给他人造成损失的，依法承担民事责任。

第五十一条 行政机关和法律、法规授权的具有管理公共事务职能的组织滥用行政权力，实施排除、限制竞争行为的，由上级机关责令改正；对直接负责的主管人员和其他直接责任人员依法给予处分。反垄断执法机构可以向有关上级机关提出依法处理的建议。

法律、行政法规对行政机关和法律、法规授权的具有管理公共事务职能的组织滥用行政权力实施排除、限制竞争行为的处理另有规定的，依照其规定。

第五十二条 对反垄断执法机构依法实施的审查和调查，拒绝提供有关材料、信息，或者提供虚假材料、信息，或者隐匿、销毁、转移证据，或者有其他拒绝、阻碍调查行为的，由反垄断执法机构责令改正，对个人可以处二万元以下的罚款，对单位可以处二十万元以下的罚款；情节严重的，对个人处二万元以上十万元以下的罚款，对单位处二十万元以上一百万元以下的罚款；构成犯罪的，依法追究刑事责任。

第五十三条　对反垄断执法机构依据本法第二十八条、第二十九条作出的决定不服的，可以先依法申请行政复议；对行政复议决定不服的，可以依法提起行政诉讼。

对反垄断执法机构作出的前款规定以外的决定不服的，可以依法申请行政复议或者提起行政诉讼。

第五十四条　反垄断执法机构工作人员滥用职权、玩忽职守、徇私舞弊或者泄露执法过程中知悉的商业秘密，构成犯罪的，依法追究刑事责任；尚不构成犯罪的，依法给予处分。

第八章　附　　则

第五十五条　经营者依照有关知识产权的法律、行政法规规定行使知识产权的行为，不适用本法；但是，经营者滥用知识产权，排除、限制竞争的行为，适用本法。

第五十六条　农业生产者及农村经济组织在农产品生产、加工、销售、运输、储存等经营活动中实施的联合或者协同行为，不适用本法。

第五十七条　本法自 2008 年 8 月 1 日起施行。

中华人民共和国广告法

（1994 年 10 月 27 日第八届全国人民代表大会常务委员会第十次会议通过　2015 年 4 月 24 日第十二届全国人民代表大会常务委员会第十四次会议修订　2015 年 4 月 24 日中华人民共和国主席令第 22 号公布　自 2015 年 9 月 1 日起施行）

目　　录

第一章　总　　则

第一条　为了规范广告活动，保护消费者的合法权益，促进广告业的健康发展，维护社会经济秩序，制定本法。

第二条　在中华人民共和国境内，商品经营者或者服务提供者通过一定媒介和形式直接或者间接地介绍自己所推销的商品或者服务的商业广告活动，适用本法。

本法所称广告主，是指为推销商品或者服务，自行或者委托他人设计、制作、发布广告的自然人、法人或者其他组织。

本法所称广告经营者，是指接受委托提供广告设计、制作、代理服务的自然人、法人或者其他组织。

本法所称广告发布者，是指为广告主或者广告主委托的广告经营者发布广告的自然人、法人或者其他组织。

本法所称广告代言人，是指广告主以外的，在广告中以自己的名义或者形象对商品、服务作推荐、证明的自然人、法人或者其他组织。

第三条 广告应当真实、合法，以健康的表现形式表达广告内容，符合社会主义精神文明建设和弘扬中华民族优秀传统文化的要求。

第四条 广告不得含有虚假或者引人误解的内容，不得欺骗、误导消费者。

广告主应当对广告内容的真实性负责。

第五条 广告主、广告经营者、广告发布者从事广告活动，应当遵守法律、法规，诚实信用，公平竞争。

第六条 国务院工商行政管理部门主管全国的广告监督管理工作，国务院有关部门在各自的职责范围内负责广告管理相关工作。

县级以上地方工商行政管理部门主管本行政区域的广告监督管理工作，县级以上地方人民政府有关部门在各自的职责范围内负责广告管理相关工作。

第七条 广告行业组织依照法律、法规和章程的规定，制定行业规范，加强行业自律，促进行业发展，引导会员依法从事广告活动，推动广告行业诚信建设。

第二章　广告内容准则

第八条　广告中对商品的性能、功能、产地、用途、质量、成分、价格、生产者、有效期限、允诺等或者对服务的内容、提供者、形式、质量、价格、允诺等有表示的，应当准确、清楚、明白。

广告中表明推销的商品或者服务附带赠送的，应当明示所附带赠送商品或者服务的品种、规格、数量、期限和方式。

法律、行政法规规定广告中应当明示的内容，应当显著、清晰表示。

第九条　广告不得有下列情形：

（一）使用或者变相使用中华人民共和国的国旗、国歌、国徽，军旗、军歌、军徽；

（二）使用或者变相使用国家机关、国家机关工作人员的名义或者形象；

（三）使用“国家级”、“最高级”、“最佳”等用语；

（四）损害国家的尊严或者利益，泄露国家秘密；

（五）妨碍社会安定，损害社会公共利益；

（六）危害人身、财产安全，泄露个人隐私；

（七）妨碍社会公共秩序或者违背社会良好风尚；

（八）含有淫秽、色情、赌博、迷信、恐怖、暴力的内容；

（九）含有民族、种族、宗教、性别歧视的内容；

（十）妨碍环境、自然资源或者文化遗产保护；

（十一）法律、行政法规规定禁止的其他情形。

第十条　广告不得损害未成年人和残疾人的身心健康。

第十一条　广告内容涉及的事项需要取得行政许可的，应当与许可的内容相符合。

广告使用数据、统计资料、调查结果、文摘、引用语等引证内容的，应当真实、准确，并表明出处。引证内容有适用范围和有效期限的，应当明确表示。

第十二条 广告中涉及专利产品或者专利方法的，应当标明专利号和专利种类。

未取得专利权的，不得在广告中谎称取得专利权。

禁止使用未授予专利权的专利申请和已经终止、撤销、无效的专利作广告。

第十三条 广告不得贬低其他生产经营者的商品或者服务。

第十四条 广告应当具有可识别性，能够使消费者辨明其为广告。

大众传播媒介不得以新闻报道形式变相发布广告。通过大众传播媒介发布的广告应当显著标明“广告”，与其他非广告信息相区别，不得使消费者产生误解。

广播电台、电视台发布广告，应当遵守国务院有关部门关于时长、方式的规定，并应当对广告时长作出明显提示。

第十五条 麻醉药品、精神药品、医疗用毒性药品、放射性药品等特殊药品，药品类易制毒化学品，以及戒毒治疗的药品、医疗器械和治疗方法，不得作广告。

前款规定以外的处方药，只能在国务院卫生行政部门和国务院药品监督管理部门共同指定的医学、药学专业刊物上作广告。

第十六条 医疗、药品、医疗器械广告不得含有下列内容：

（一）表示功效、安全性的断言或者保证；

（二）说明治愈率或者有效率；

（三）与其他药品、医疗器械的功效和安全性或者其他医疗机构比较；

（四）利用广告代言人作推荐、证明；

（五）法律、行政法规规定禁止的其他内容。

药品广告的内容不得与国务院药品监督管理部门批准的说明书不一致，并应当显著标明禁忌、不良反应。处方药广告应当显著标明“本广告仅供医学药学专业人士阅读”，非处方药广告应当显著标明“请按药品说明书或者在药师指导下购买和使用”。

推荐给个人自用的医疗器械的广告，应当显著标明“请仔细阅读产品说明书或者在医务人员的指导下购买和使用”。医疗器械产品注册证明文件中有禁忌内容、注意事项的，广告中应当显著标明“禁忌内容或者注意事项详见说明书”。

第十七条 除医疗、药品、医疗器械广告外，禁止其他任何广告涉及疾病治疗功能，并不得使用医疗用语或者易使推销的商品与药品、医疗器械相混淆的用语。

第十八条 保健食品广告不得含有下列内容：

（一）表示功效、安全性的断言或者保证；

（二）涉及疾病预防、治疗功能；

（三）声称或者暗示广告商品为保障健康所必需；

（四）与药品、其他保健食品进行比较；

（五）利用广告代言人作推荐、证明；

（六）法律、行政法规规定禁止的其他内容。

保健食品广告应当显著标明“本品不能代替药物”。

第十九条 广播电台、电视台、报刊音像出版单位、互联网信息服务提供者不得以介绍健康、养生知识等形式变相发布医疗、药品、医疗器械、保健食品广告。

第二十条 禁止在大众传播媒介或者公共场所发布声称全部或者部分替代母乳的婴儿乳制品、饮料和其他食品广告。

第二十一条 农药、兽药、饲料和饲料添加剂广告不得含有下列内容：

（一）表示功效、安全性的断言或者保证；

（二）利用科研单位、学术机构、技术推广机构、行业协会或者专业人士、用户的名义或者形象作推荐、证明；

（三）说明有效率；

（四）违反安全使用规程的文字、语言或者画面；

（五）法律、行政法规规定禁止的其他内容。

第二十二条　禁止在大众传播媒介或者公共场所、公共交通工具、户外发布烟草广告。禁止向未成年人发送任何形式的烟草广告。

禁止利用其他商品或者服务的广告、公益广告，宣传烟草制品名称、商标、包装、装潢以及类似内容。

烟草制品生产者或者销售者发布的迁址、更名、招聘等启事中，不得含有烟草制品名称、商标、包装、装潢以及类似内容。

第二十三条　酒类广告不得含有下列内容：

（一）诱导、怂恿饮酒或者宣传无节制饮酒；

（二）出现饮酒的动作；

（三）表现驾驶车、船、飞机等活动；

（四）明示或者暗示饮酒有消除紧张和焦虑、增加体力等功效。

第二十四条　教育、培训广告不得含有下列内容：

（一）对升学、通过考试、获得学位学历或者合格证书，或者对教育、培训的效果作出明示或者暗示的保证性承诺；

（二）明示或者暗示有相关考试机构或者其工作人员、考试命题人员参与教育、培训；

（三）利用科研单位、学术机构、教育机构、行业协会、专业人士、受益者的名义或者形象作推荐、证明。

第二十五条　招商等有投资回报预期的商品或者服务广告，应当对可能存在的风险以及风险责任承担有合理提示或者警示，并不得含有下列内容：

（一）对未来效果、收益或者与其相关的情况作出保证性承诺，明示或者暗示保本、无风险或者保收益等，国家另有规定的除外；

（二）利用学术机构、行业协会、专业人士、受益者的名义或者形象作推荐、证明。

第二十六条 房地产广告，房源信息应当真实，面积应当表明为建筑面积或者套内建筑面积，并不得含有下列内容：

（一）升值或者投资回报的承诺；

（二）以项目到达某一具体参照物的所需时间表示项目位置；

（三）违反国家有关价格管理的规定；

（四）对规划或者建设中的交通、商业、文化教育设施以及其他市政条件作误导宣传。

第二十七条 农作物种子、林木种子、草种子、种畜禽、水产苗种和种养殖广告关于品种名称、生产性能、生长量或者产量、品质、抗性、特殊使用价值、经济价值、适宜种植或者养殖的范围和条件等方面的表述应当真实、清楚、明白，并不得含有下列内容：

（一）作科学上无法验证的断言；

（二）表示功效的断言或者保证；

（三）对经济效益进行分析、预测或者作保证性承诺；

（四）利用科研单位、学术机构、技术推广机构、行业协会或者专业人士、用户的名义或者形象作推荐、证明。

第二十八条 广告以虚假或者引人误解的内容欺骗、误导消费者的，构成虚假广告。

广告有下列情形之一的，为虚假广告：

（一）商品或者服务不存在的；

（二）商品的性能、功能、产地、用途、质量、规格、成分、价格、生产者、有效期限、销售状况、曾获荣誉等信息，或者服务的内容、提供者、形式、质量、价格、销售状况、曾获荣誉等信息，以及与商品或者服务有关的允诺等信息与实际情况不符，对购买行为有实质性影响的；

（三）使用虚构、伪造或者无法验证的科研成果、统计资料、调查结果、文摘、引用语等信息作证明材料的；

（四）虚构使用商品或者接受服务的效果的；

（五）以虚假或者引人误解的内容欺骗、误导消费者的其他情形。

第三章 广告行为规范

第二十九条 广播电台、电视台、报刊出版单位从事广告发布业务的，应当设有专门从事广告业务的机构，配备必要的人员，具有与发布广告相适应的场所、设备，并向县级以上地方工商行政管理部门办理广告发布登记。

第三十条 广告主、广告经营者、广告发布者之间在广告活动中应当依法订立书面合同。

第三十一条 广告主、广告经营者、广告发布者不得在广告活动中进行任何形式的不正当竞争。

第三十二条 广告主委托设计、制作、发布广告，应当委托具有合法经营资格的广告经营者、广告发布者。

第三十三条 广告主或者广告经营者在广告中使用他人名义或者形象的，应当事先取得其书面同意；使用无民事行为能力人、限制民事行为能力人的名义或者形象的，应当事先取得其监护人的书面同意。

第三十四条 广告经营者、广告发布者应当按照国家有关规定，建立、健全广告业务的承接登记、审核、档案管理制度。

广告经营者、广告发布者依据法律、行政法规查验有关证明文件，核对广告内容。对内容不符或者证明文件不全的广告，广告经营者不得提供设计、制作、代理服务，广告发布者不得发布。

第三十五条 广告经营者、广告发布者应当公布其收费标准和收费办法。

第三十六条 广告发布者向广告主、广告经营者提供的覆盖率、收视率、点击率、发行量等资料应当真实。

第三十七条 法律、行政法规规定禁止生产、销售的产品或者提供的服务，以及禁止发布广告的商品或者服务，任何单位或者个人不得设计、制作、代理、发布广告。

第三十八条 广告代言人在广告中对商品、服务作推荐、证明，应当依据事实，符合本法和有关法律、行政法规规定，并不得为其未使用过的商品或者未接受过的服务作推荐、证明。

不得利用不满十周岁的未成年人作为广告代言人。

对在虚假广告中作推荐、证明受到行政处罚未满三年的自然人、法人或者其他组织，不得利用其作为广告代言人。

第三十九条 不得在中小学校、幼儿园内开展广告活动，不得利用中小学生和幼儿的教材、教辅材料、练习册、文具、教具、校服、校车等发布或者变相发布广告，但公益广告除外。

第四十条 在针对未成年人的大众传播媒介上不得发布医疗、药品、保健食品、医疗器械、化妆品、酒类、美容广告，以及不利于未成年人身心健康的网络游戏广告。

针对不满十四周岁的未成年人的商品或者服务的广告不得含有下列内容：

（一）劝诱其要求家长购买广告商品或者服务；

（二）可能引发其模仿不安全行为。

第四十一条 县级以上地方人民政府应当组织有关部门加强对利用户外场所、空间、设施等发布户外广告的监督管理，制定户外广告设置规划和安全要求。

户外广告的管理办法，由地方性法规、地方政府规章规定。

第四十二条　有下列情形之一的，不得设置户外广告：

（一）利用交通安全设施、交通标志的；

（二）影响市政公共设施、交通安全设施、交通标志、消防设施、消防安全标志使用的；

（三）妨碍生产或者人民生活，损害市容市貌的；

（四）在国家机关、文物保护单位、风景名胜区等的建筑控制地带，或者县级以上地方人民政府禁止设置户外广告的区域设置的。

第四十三条　任何单位或者个人未经当事人同意或者请求，不得向其住宅、交通工具等发送广告，也不得以电子信息方式向其发送广告。

以电子信息方式发送广告的，应当明示发送者的真实身份和联系方式，并向接收者提供拒绝继续接收的方式。

第四十四条　利用互联网从事广告活动，适用本法的各项规定。

利用互联网发布、发送广告，不得影响用户正常使用网络。在互联网页面以弹出等形式发布的广告，应当显著标明关闭标志，确保一键关闭。

第四十五条　公共场所的管理者或者电信业务经营者、互联网信息服务提供者对其明知或者应知的利用其场所或者信息传输、发布平台发送、发布违法广告的，应当予以制止。

第四章　监督管理

第四十六条　发布医疗、药品、医疗器械、农药、兽药和保健食品广告，以及法律、行政法规规定应当进行审查的其他广告，应当在发布前由有关部门（以下称广告审查机关）对广告内容进行审查；未经审查，不得发布。

第四十七条 广告主申请广告审查，应当依照法律、行政法规向广告审查机关提交有关证明文件。

广告审查机关应当依照法律、行政法规规定作出审查决定，并应当将审查批准文件抄送同级工商行政管理部门。广告审查机关应当及时向社会公布批准的广告。

第四十八条 任何单位或者个人不得伪造、变造或者转让广告审查批准文件。

第四十九条 工商行政管理部门履行广告监督管理职责，可以行使下列职权：

（一）对涉嫌从事违法广告活动的场所实施现场检查；

（二）询问涉嫌违法当事人或者其法定代表人、主要负责人和其他有关人员，对有关单位或者个人进行调查；

（三）要求涉嫌违法当事人限期提供有关证明文件；

（四）查阅、复制与涉嫌违法广告有关的合同、票据、账簿、广告作品和其他有关资料；

（五）查封、扣押与涉嫌违法广告直接相关的广告物品、经营工具、设备等财物；

（六）责令暂停发布可能造成严重后果的涉嫌违法广告；

（七）法律、行政法规规定的其他职权。

工商行政管理部门应当建立健全广告监测制度，完善监测措施，及时发现和依法查处违法广告行为。

第五十条 国务院工商行政管理部门会同国务院有关部门，制定大众传播媒介广告发布行为规范。

第五十一条 工商行政管理部门依照本法规定行使职权，当事人应当协助、配合，不得拒绝、阻挠。

第五十二条 工商行政管理部门和有关部门及其工作人员对其在广告监督管理活动中知悉的商业秘密负有保密义务。

第五十三条 任何单位或者个人有权向工商行政管理部门和有关部门投诉、举报违反本法的行为。工商行政管理部门和有关部门应当向社会公开受理投诉、举报的电话、信箱或者电子邮件地址，接到投诉、举报的部门应当自收到投诉之日起七个工作日内，予以处理并告知投诉、举报人。

工商行政管理部门和有关部门不依法履行职责的，任何单位或者个人有权向其上级机关或者监察机关举报。接到举报的机关应当依法作出处理，并将处理结果及时告知举报人。

有关部门应当为投诉、举报人保密。

第五十四条 消费者协会和其他消费者组织对违反本法规定，发布虚假广告侵害消费者合法权益，以及其他损害社会公共利益的行为，依法进行社会监督。

第五章 法律责任

第五十五条 违反本法规定，发布虚假广告的，由工商行政管理部门责令停止发布广告，责令广告主在相应范围内消除影响，处广告费用三倍以上五倍以下的罚款，广告费用无法计算或者明显偏低的，处二十万元以上一百万元以下的罚款；两年内有三次以上违法行为或者有其他严重情节的，处广告费用五倍以上十倍以下的罚款，广告费用无法计算或者明显偏低的，处一百万元以上二百万元以下的罚款，可以吊销营业执照，并由广告审查机关撤销广告审查批准文件、一年内不受理其广告审查申请。

医疗机构有前款规定违法行为，情节严重的，除由工商行政管理部门依照本法处罚外，卫生行政部门可以吊销诊疗科目或者吊销医疗机构执业许可证。

广告经营者、广告发布者明知或者应知广告虚假仍设计、制作、代理、发布的，由工商行政管理部门没收广告费用，并处广告费用三倍以上五倍以下的罚款，广告费用无法计算或者明显偏低的，处二十万元以上一百万元以下的罚款；两年内有三次以上违法行为或者有其他严重情节的，处广告费用五倍以上十倍以下的罚款，广告费用无法计算或者明显偏低的，处一百万元以上二百万元以下的罚款，并可以由有关部门暂停广告发布业务、吊销营业执照、吊销广告发布登记证件。

广告主、广告经营者、广告发布者有本条第一款、第三款规定行为，构成犯罪的，依法追究刑事责任。

第五十六条 违反本法规定，发布虚假广告，欺骗、误导消费者，使购买商品或者接受服务的消费者的合法权益受到损害的，由广告主依法承担民事责任。广告经营者、广告发布者不能提供广告主的真实名称、地址和有效联系方式的，消费者可以要求广告经营者、广告发布者先行赔偿。

关系消费者生命健康的商品或者服务的虚假广告，造成消费者损害的，其广告经营者、广告发布者、广告代言人应当与广告主承担连带责任。

前款规定以外的商品或者服务的虚假广告，造成消费者损害的，其广告经营者、广告发布者、广告代言人，明知或者应知广告虚假仍设计、制作、代理、发布或者作推荐、证明的，应当与广告主承担连带责任。

第五十七条 有下列行为之一的，由工商行政管理部门责令停止发布广告，对广告主处二十万元以上一百万元以下的罚款，情节严重的，并可以吊销营业执照，由广告审查机关撤销广告审查批准文件、一年内不受理其广告审查申请；对广告经营者、广告发布者，由工商行政管理部门没收广告费用，处二十万元以上一百万元以下的罚款，情节严重的，并可以吊销营业执照、吊销广告发布登记证件：

（一）发布有本法第九条、第十条规定的禁止情形的广告的；

（二）违反本法第十五条规定发布处方药广告、药品类易制毒化学品广告、戒毒治疗的医疗器械和治疗方法广告的；

（三）违反本法第二十条规定，发布声称全部或者部分替代母乳的婴儿乳制品、饮料和其他食品广告的；

（四）违反本法第二十二条规定发布烟草广告的；

（五）违反本法第三十七条规定，利用广告推销禁止生产、销售的产品或者提供的服务，或者禁止发布广告的商品或者服务的；

（六）违反本法第四十条第一款规定，在针对未成年人的大众传播媒介上发布医疗、药品、保健食品、医疗器械、化妆品、酒类、美容广告，以及不利于未成年人身心健康的网络游戏广告的。

第五十八条　有下列行为之一的，由工商行政管理部门责令停止发布广告，责令广告主在相应范围内消除影响，处广告费用一倍以上三倍以下的罚款，广告费用无法计算或者明显偏低的，处十万元以上二十万元以下的罚款；情节严重的，处广告费用三倍以上五倍以下的罚款，广告费用无法计算或者明显偏低的，处二十万元以上一百万元以下的罚款，可以吊销营业执照，并由广告审查机关撤销广告审查批准文件、一年内不受理其广告审查申请：

（一）违反本法第十六条规定发布医疗、药品、医疗器械广告的；

（二）违反本法第十七条规定，在广告中涉及疾病治疗功能，以及使用医疗用语或者易使推销的商品与药品、医疗器械相混淆的用语的；

（三）违反本法第十八条规定发布保健食品广告的；

（四）违反本法第二十一条规定发布农药、兽药、饲料和饲料添加剂广告的；

（五）违反本法第二十三条规定发布酒类广告的；

（六）违反本法第二十四条规定发布教育、培训广告的；

（七）违反本法第二十五条规定发布招商等有投资回报预期的商品或者服务广告的；

（八）违反本法第二十六条规定发布房地产广告的；

（九）违反本法第二十七条规定发布农作物种子、林木种子、草种子、种畜禽、水产苗种和种养殖广告的；

（十）违反本法第三十八条第二款规定，利用不满十周岁的未成年人作为广告代言人的；

（十一）违反本法第三十八条第三款规定，利用自然人、法人或者其他组织作为广告代言人的；

（十二）违反本法第三十九条规定，在中小学校、幼儿园内或者利用与中小学生、幼儿有关的物品发布广告的；

（十三）违反本法第四十条第二款规定，发布针对不满十四周岁的未成年人的商品或者服务的广告的；

（十四）违反本法第四十六条规定，未经审查发布广告的。

医疗机构有前款规定违法行为，情节严重的，除由工商行政管理部门依照本法处罚外，卫生行政部门可以吊销诊疗科目或者吊销医疗机构执业许可证。

广告经营者、广告发布者明知或者应知有本条第一款规定违法行为仍设计、制作、代理、发布的，由工商行政管理部门没收广告费用，并处广告费用一倍以上三倍以下的罚款，广告费用无法计算或者明显偏低的，处十万元以上二十万元以下的罚款；情节严重的，处广告费用三倍以上五倍以下的罚款，广告费用无法计算或者明显偏低的，处二十万元以上一百万元以下的罚款，并可以由有关部门暂停广告发布业务、吊销营业执照、吊销广告发布登记证件。

第五十九条 有下列行为之一的，由工商行政管理部门责令停止发布广告，对广告主处十万元以下的罚款：

（一）广告内容违反本法第八条规定的；

（二）广告引证内容违反本法第十一条规定的；

（三）涉及专利的广告违反本法第十二条规定的；

（四）违反本法第十三条规定，广告贬低其他生产经营者的商品或者服务的。

广告经营者、广告发布者明知或者应知有前款规定违法行为仍设计、制作、代理、发布的，由工商行政管理部门处十万元以下的罚款。

广告违反本法第十四条规定，不具有可识别性的，或者违反本法第十九条规定，变相发布医疗、药品、医疗器械、保健食品广告的，由工商行政管理部门责令改正，对广告发布者处十万元以下的罚款。

第六十条 违反本法第二十九条规定，广播电台、电视台、报刊出版单位未办理广告发布登记，擅自从事广告发布业务的，由工商行政管理部门责令改正，没收违法所得，违法所得一万元以上的，并处违法所得一倍以上三倍以下的罚款；违法所得不足一万元的，并处五千元以上三万元以下的罚款。

第六十一条 违反本法第三十四条规定，广告经营者、广告发布者未按照国家有关规定建立、健全广告业务管理制度的，或者未对广告内容进行核对的，由工商行政管理部门责令改正，可以处五万元以下的罚款。

违反本法第三十五条规定，广告经营者、广告发布者未公布其收费标准和收费办法的，由价格主管部门责令改正，可以处五万元以下的罚款。

第六十二条 广告代言人有下列情形之一的，由工商行政管理部门没收违法所得，并处违法所得一倍以上二倍以下的罚款：

（一）违反本法第十六条第一款第四项规定，在医疗、药品、医疗器械广告中作推荐、证明的；

（二）违反本法第十八条第一款第五项规定，在保健食品广告中作推荐、证明的；

（三）违反本法第三十八条第一款规定，为其未使用过的商品或者未接受过的服务作推荐、证明的；

（四）明知或者应知广告虚假仍在广告中对商品、服务作推荐、证明的。

第六十三条 违反本法第四十三条规定发送广告的，由有关部门责令停止违法行为，对广告主处五千元以上三万元以下的罚款。

违反本法第四十四条第二款规定，利用互联网发布广告，未显著标明关闭标志，确保一键关闭的，由工商行政管理部门责令改正，对广告主处五千元以上三万元以下的罚款。

第六十四条 违反本法第四十五条规定，公共场所的管理者和电信业务经营者、互联网信息服务提供者，明知或者应知广告活动违法不予制止的，由工商行政管理部门没收违法所得，违法所得五万元以上的，并处违法所得一倍以上三倍以下的罚款，违法所得不足五万元的，并处一万元以上五万元以下的罚款；情节严重的，由有关部门依法停止相关业务。

第六十五条 违反本法规定，隐瞒真实情况或者提供虚假材料申请广告审查的，广告审查机关不予受理或者不予批准，予以警告，一年内不受理该申请人的广告审查申请；以欺骗、贿赂等不正当手段取得广告审查批准的，广告审查机关予以撤销，处十万元以上二十万元以下的罚款，三年内不受理该申请人的广告审查申请。

第六十六条 违反本法规定，伪造、变造或者转让广告审查批准文件的，由工商行政管理部门没收违法所得，并处一万元以上十万元以下的罚款。

第六十七条 有本法规定的违法行为的，由工商行政管理部门记入信用档案，并依照有关法律、行政法规规定予以公示。

第六十八条 广播电台、电视台、报刊音像出版单位发布违法广告，或者以新闻报道形式变相发布广告，或者以介绍健康、养生知识等形式变相发布医疗、药品、医疗器械、保健食品广告，工商行政管理部门依照本法给予处罚的，应当通报新闻出版广电部门以及其他有关部门。新闻出版广电部门以及其他有关部门应当依法对负有责任的主管人员和直接责任人员给予处分；情节严重的，并可以暂停媒体的广告发布业务。

新闻出版广电部门以及其他有关部门未依照前款规定对广播电台、电视台、报刊音像出版单位进行处理的，对负有责任的主管人员和直接责任人员，依法给予处分。

第六十九条 广告主、广告经营者、广告发布者违反本法规定，有下列侵权行为之一的，依法承担民事责任：

（一）在广告中损害未成年人或者残疾人的身心健康的；

（二）假冒他人专利的；

（三）贬低其他生产经营者的商品、服务的；

（四）在广告中未经同意使用他人名义或者形象的；

（五）其他侵犯他人合法民事权益的。

第七十条 因发布虚假广告，或者有其他本法规定的违法行为，被吊销营业执照的公司、企业的法定代表人，对违法行为负有个人责任的，自该公司、企业被吊销营业执照之日起三年内不得担任公司、企业的董事、监事、高级管理人员。

第七十一条 违反本法规定，拒绝、阻挠工商行政管理部门监督检查，或者有其他构成违反治安管理行为的，依法给予治安管理处罚；构成犯罪的，依法追究刑事责任。

第七十二条 广告审查机关对违法的广告内容作出审查批准决定

的，对负有责任的主管人员和直接责任人员，由任免机关或者监察机关依法给予处分；构成犯罪的，依法追究刑事责任。

第七十三条 工商行政管理部门对在履行广告监测职责中发现的违法广告行为或者对经投诉、举报的违法广告行为，不依法予以查处的，对负有责任的主管人员和直接责任人员，依法给予处分。

工商行政管理部门和负责广告管理相关工作的有关部门的工作人员玩忽职守、滥用职权、徇私舞弊的，依法给予处分。

有前两款行为，构成犯罪的，依法追究刑事责任。

第六章 附 则

第七十四条 国家鼓励、支持开展公益广告宣传活动，传播社会主义核心价值观，倡导文明风尚。

大众传播媒介有义务发布公益广告。广播电台、电视台、报刊出版单位应当按照规定的版面、时段、时长发布公益广告。公益广告的管理办法，由国务院工商行政管理部门会同有关部门制定。

第七十五条 本法自2015年9月1日起施行。

中华人民共和国消费者权益保护法

（1993年10月31日第八届全国人民代表大会常务委员会第四次会议通过　根据2009年8月27日第十一届全国人民代表大会常务委员会第十次会议《关于修改部分法律的决定》第一次修正　根据2013年10月25日第十二届全国人民代表大会常务委员会第五次会议《关于修改〈中华人民共和国消费者权益保护法〉的决定》第二次修正）

目　　录

第一章　总　　则

第一条　为保护消费者的合法权益，维护社会经济秩序，促进社会主义市场经济健康发展，制定本法。

第二条 消费者为生活消费需要购买、使用商品或者接受服务，其权益受本法保护；本法未作规定的，受其他有关法律、法规保护。

第三条 经营者为消费者提供其生产、销售的商品或者提供服务，应当遵守本法；本法未作规定的，应当遵守其他有关法律、法规。

第四条 经营者与消费者进行交易，应当遵循自愿、平等、公平、诚实信用的原则。

第五条 国家保护消费者的合法权益不受侵害。

国家采取措施，保障消费者依法行使权利，维护消费者的合法权益。

国家倡导文明、健康、节约资源和保护环境的消费方式，反对浪费。

第六条 保护消费者的合法权益是全社会的共同责任。

国家鼓励、支持一切组织和个人对损害消费者合法权益的行为进行社会监督。

大众传播媒介应当做好维护消费者合法权益的宣传，对损害消费者合法权益的行为进行舆论监督。

第二章 消费者的权利

第七条 消费者在购买、使用商品和接受服务时享有人身、财产安全不受损害的权利。

消费者有权要求经营者提供的商品和服务，符合保障人身、财产安全的要求。

第八条 消费者享有知悉其购买、使用的商品或者接受的服务的真实情况的权利。

消费者有权根据商品或者服务的不同情况，要求经营者提供商品的价格、产地、生产者、用途、性能、规格、等级、主要成份、生产日期、有效期限、检验合格证明、使用方法说明书、售后服务，或者服务的内容、规格、费用等有关情况。

第九条　消费者享有自主选择商品或者服务的权利。

消费者有权自主选择提供商品或者服务的经营者，自主选择商品品种或者服务方式，自主决定购买或者不购买任何一种商品、接受或者不接受任何一项服务。

消费者在自主选择商品或者服务时，有权进行比较、鉴别和挑选。

第十条　消费者享有公平交易的权利。

消费者在购买商品或者接受服务时，有权获得质量保障、价格合理、计量正确等公平交易条件，有权拒绝经营者的强制交易行为。

第十一条　消费者因购买、使用商品或者接受服务受到人身、财产损害的，享有依法获得赔偿的权利。

第十二条　消费者享有依法成立维护自身合法权益的社会组织的权利。

第十三条　消费者享有获得有关消费和消费者权益保护方面的知识的权利。

消费者应当努力掌握所需商品或者服务的知识和使用技能，正确使用商品，提高自我保护意识。

第十四条　消费者在购买、使用商品和接受服务时，享有人格尊严、民族风俗习惯得到尊重的权利，享有个人信息依法得到保护的权利。

第十五条　消费者享有对商品和服务以及保护消费者权益工作进行监督的权利。

消费者有权检举、控告侵害消费者权益的行为和国家机关及其工作人员在保护消费者权益工作中的违法失职行为，有权对保护消费者权益工作提出批评、建议。

第三章 经营者的义务

第十六条 经营者向消费者提供商品或者服务，应当依照本法和其他有关法律、法规的规定履行义务。

经营者和消费者有约定的，应当按照约定履行义务，但双方的约定不得违背法律、法规的规定。

经营者向消费者提供商品或者服务，应当恪守社会公德，诚信经营，保障消费者的合法权益；不得设定不公平、不合理的交易条件，不得强制交易。

第十七条 经营者应当听取消费者对其提供的商品或者服务的意见，接受消费者的监督。

第十八条 经营者应当保证其提供的商品或者服务符合保障人身、财产安全的要求。对可能危及人身、财产安全的商品和服务，应当向消费者作出真实的说明和明确的警示，并说明和标明正确使用商品或者接受服务的方法以及防止危害发生的方法。

宾馆、商场、餐馆、银行、机场、车站、港口、影剧院等经营场所的经营者，应当对消费者尽到安全保障义务。

第十九条 经营者发现其提供的商品或者服务存在缺陷，有危及人身、财产安全危险的，应当立即向有关行政部门报告和告知消费者，并采取停止销售、警示、召回、无害化处理、销毁、停止生产或者服务等措施。采取召回措施的，经营者应当承担消费者因商品被召回支出的必要费用。

第二十条 经营者向消费者提供有关商品或者服务的质量、性能、用途、有效期限等信息，应当真实、全面，不得作虚假或者引人误解的宣传。

经营者对消费者就其提供的商品或者服务的质量和使用方法等问题提出的询问，应当作出真实、明确的答复。

经营者提供商品或者服务应当明码标价。

第二十一条　经营者应当标明其真实名称和标记。

租赁他人柜台或者场地的经营者，应当标明其真实名称和标记。

第二十二条　经营者提供商品或者服务，应当按照国家有关规定或者商业惯例向消费者出具发票等购货凭证或者服务单据；消费者索要发票等购货凭证或者服务单据的，经营者必须出具。

第二十三条　经营者应当保证在正常使用商品或者接受服务的情况下其提供的商品或者服务应当具有的质量、性能、用途和有效期限；但消费者在购买该商品或者接受该服务前已经知道其存在瑕疵，且存在该瑕疵不违反法律强制性规定的除外。

经营者以广告、产品说明、实物样品或者其他方式表明商品或者服务的质量状况的，应当保证其提供的商品或者服务的实际质量与表明的质量状况相符。

经营者提供的机动车、计算机、电视机、电冰箱、空调器、洗衣机等耐用商品或者装饰装修等服务，消费者自接受商品或者服务之日起六个月内发现瑕疵，发生争议的，由经营者承担有关瑕疵的举证责任。

第二十四条　经营者提供的商品或者服务不符合质量要求的，消费者可以依照国家规定、当事人约定退货，或者要求经营者履行更换、修理等义务。没有国家规定和当事人约定的，消费者可以自收到商品之日起七日内退货；七日后符合法定解除合同条件的，消费者可以及时退货，不符合法定解除合同条件的，可以要求经营者履行更换、修理等义务。

依照前款规定进行退货、更换、修理的，经营者应当承担运输等必要费用。

第二十五条 经营者采用网络、电视、电话、邮购等方式销售商品，消费者有权自收到商品之日起七日内退货，且无需说明理由，但下列商品除外：

（一）消费者定作的；

（二）鲜活易腐的；

（三）在线下载或者消费者拆封的音像制品、计算机软件等数字化商品；

（四）交付的报纸、期刊。

除前款所列商品外，其他根据商品性质并经消费者在购买时确认不宜退货的商品，不适用无理由退货。

消费者退货的商品应当完好。经营者应当自收到退回商品之日起七日内返还消费者支付的商品价款。退回商品的运费由消费者承担；经营者和消费者另有约定的，按照约定。

第二十六条 经营者在经营活动中使用格式条款的，应当以显著方式提请消费者注意商品或者服务的数量和质量、价款或者费用、履行期限和方式、安全注意事项和风险警示、售后服务、民事责任等与消费者有重大利害关系的内容，并按照消费者的要求予以说明。

经营者不得以格式条款、通知、声明、店堂告示等方式，作出排除或者限制消费者权利、减轻或者免除经营者责任、加重消费者责任等对消费者不公平、不合理的规定，不得利用格式条款并借助技术手段强制交易。

格式条款、通知、声明、店堂告示等含有前款所列内容的，其内容无效。

第二十七条 经营者不得对消费者进行侮辱、诽谤，不得搜查消费者的身体及其携带的物品，不得侵犯消费者的人身自由。

第二十八条 采用网络、电视、电话、邮购等方式提供商品或者服务的经营者，以及提供证券、保险、银行等金融服务的经营者，应当向消费者提供经营地址、联系方式、商品或者服务的数量和质量、价款或者费用、履行期限和方式、安全注意事项和风险警示、售后服务、民事责任等信息。

第二十九条 经营者收集、使用消费者个人信息，应当遵循合法、正当、必要的原则，明示收集、使用信息的目的、方式和范围，并经消费者同意。经营者收集、使用消费者个人信息，应当公开其收集、使用规则，不得违反法律、法规的规定和双方的约定收集、使用信息。

经营者及其工作人员对收集的消费者个人信息必须严格保密，不得泄露、出售或者非法向他人提供。经营者应当采取技术措施和其他必要措施，确保信息安全，防止消费者个人信息泄露、丢失。在发生或者可能发生信息泄露、丢失的情况时，应当立即采取补救措施。

经营者未经消费者同意或者请求，或者消费者明确表示拒绝的，不得向其发送商业性信息。

第四章 国家对消费者合法权益的保护

第三十条 国家制定有关消费者权益的法律、法规、规章和强制性标准，应当听取消费者和消费者协会等组织的意见。

第三十一条 各级人民政府应当加强领导，组织、协调、督促有关行政部门做好保护消费者合法权益的工作，落实保护消费者合法权益的职责。

各级人民政府应当加强监督，预防危害消费者人身、财产安全行为的发生，及时制止危害消费者人身、财产安全的行为。

第三十二条 各级人民政府工商行政管理部门和其他有关行政部门应当依照法律、法规的规定，在各自的职责范围内，采取措施，保护消费者的合法权益。

有关行政部门应当听取消费者和消费者协会等组织对经营者交易行为、商品和服务质量问题的意见，及时调查处理。

第三十三条 有关行政部门在各自的职责范围内，应当定期或者不定期对经营者提供的商品和服务进行抽查检验，并及时向社会公布抽查检验结果。

有关行政部门发现并认定经营者提供的商品或者服务存在缺陷，有危及人身、财产安全危险的，应当立即责令经营者采取停止销售、警示、召回、无害化处理、销毁、停止生产或者服务等措施。

第三十四条 有关国家机关应当依照法律、法规的规定，惩处经营者在提供商品和服务中侵害消费者合法权益的违法犯罪行为。

第三十五条 人民法院应当采取措施，方便消费者提起诉讼。对符合《中华人民共和国民事诉讼法》起诉条件的消费者权益争议，必须受理，及时审理。

第五章 消费者组织

第三十六条 消费者协会和其他消费者组织是依法成立的对商品和服务进行社会监督的保护消费者合法权益的社会组织。

第三十七条 消费者协会履行下列公益性职责：

（一）向消费者提供消费信息和咨询服务，提高消费者维护自身合法权益的能力，引导文明、健康、节约资源和保护环境的消费方式；

（二）参与制定有关消费者权益的法律、法规、规章和强制性标准；

（三）参与有关行政部门对商品和服务的监督、检查；

（四）就有关消费者合法权益的问题，向有关部门反映、查询，提出建议；

（五）受理消费者的投诉，并对投诉事项进行调查、调解；

（六）投诉事项涉及商品和服务质量问题的，可以委托具备资格的鉴定人鉴定，鉴定人应当告知鉴定意见；

（七）就损害消费者合法权益的行为，支持受损害的消费者提起诉讼或者依照本法提起诉讼；

（八）对损害消费者合法权益的行为，通过大众传播媒介予以揭露、批评。

各级人民政府对消费者协会履行职责应当予以必要的经费等支持。

消费者协会应当认真履行保护消费者合法权益的职责，听取消费者的意见和建议，接受社会监督。

依法成立的其他消费者组织依照法律、法规及其章程的规定，开展保护消费者合法权益的活动。

第三十八条　消费者组织不得从事商品经营和营利性服务，不得以收取费用或者其他牟取利益的方式向消费者推荐商品和服务。

第六章　争议的解决

第三十九条　消费者和经营者发生消费者权益争议的，可以通过下列途径解决：

（一）与经营者协商和解；

（二）请求消费者协会或者依法成立的其他调解组织调解；

（三）向有关行政部门投诉；

（四）根据与经营者达成的仲裁协议提请仲裁机构仲裁；

（五）向人民法院提起诉讼。

第四十条 消费者在购买、使用商品时，其合法权益受到损害的，可以向销售者要求赔偿。销售者赔偿后，属于生产者的责任或者属于向销售者提供商品的其他销售者的责任的，销售者有权向生产者或者其他销售者追偿。

消费者或者其他受害人因商品缺陷造成人身、财产损害的，可以向销售者要求赔偿，也可以向生产者要求赔偿。属于生产者责任的，销售者赔偿后，有权向生产者追偿。属于销售者责任的，生产者赔偿后，有权向销售者追偿。

消费者在接受服务时，其合法权益受到损害的，可以向服务者要求赔偿。

第四十一条 消费者在购买、使用商品或者接受服务时，其合法权益受到损害，因原企业分立、合并的，可以向变更后承受其权利义务的企业要求赔偿。

第四十二条 使用他人营业执照的违法经营者提供商品或者服务，损害消费者合法权益的，消费者可以向其要求赔偿，也可以向营业执照的持有人要求赔偿。

第四十三条 消费者在展销会、租赁柜台购买商品或者接受服务，其合法权益受到损害的，可以向销售者或者服务者要求赔偿。展销会结束或者柜台租赁期满后，也可以向展销会的举办者、柜台的出租者要求赔偿。展销会的举办者、柜台的出租者赔偿后，有权向销售者或者服务者追偿。

第四十四条 消费者通过网络交易平台购买商品或者接受服务，其合法权益受到损害的，可以向销售者或者服务者要求赔偿。网络交易平台提供者不能提供销售者或者服务者的真实名称、地址和有效联系方式的，消费者也可以向网络交易平台提供者要求赔偿；网络交易平台提供者作出更有利于消费者的承诺的，应当履行承诺。网络交易平台提供者赔偿后，有权向销售者或者服务者追偿。

网络交易平台提供者明知或者应知销售者或者服务者利用其平台侵害消费者合法权益，未采取必要措施的，依法与该销售者或者服务者承担连带责任。

第四十五条 消费者因经营者利用虚假广告或者其他虚假宣传方式提供商品或者服务，其合法权益受到损害的，可以向经营者要求赔偿。广告经营者、发布者发布虚假广告的，消费者可以请求行政主管部门予以惩处。广告经营者、发布者不能提供经营者的真实名称、地址和有效联系方式的，应当承担赔偿责任。

广告经营者、发布者设计、制作、发布关系消费者生命健康商品或者服务的虚假广告，造成消费者损害的，应当与提供该商品或者服务的经营者承担连带责任。

社会团体或者其他组织、个人在关系消费者生命健康商品或者服务的虚假广告或者其他虚假宣传中向消费者推荐商品或者服务，造成消费者损害的，应当与提供该商品或者服务的经营者承担连带责任。

第四十六条 消费者向有关行政部门投诉的，该部门应当自收到投诉之日起七个工作日内，予以处理并告知消费者。

第四十七条 对侵害众多消费者合法权益的行为，中国消费者协会以及在省、自治区、直辖市设立的消费者协会，可以向人民法院提起诉讼。

第七章 法律责任

第四十八条 经营者提供商品或者服务有下列情形之一的，除本法另有规定外，应当依照其他有关法律、法规的规定，承担民事责任：

（一）商品或者服务存在缺陷的；

（二）不具备商品应当具备的使用性能而出售时未作说明的；

（三）不符合在商品或者其包装上注明采用的商品标准的；

（四）不符合商品说明、实物样品等方式表明的质量状况的；

（五）生产国家明令淘汰的商品或者销售失效、变质的商品的；

（六）销售的商品数量不足的；

（七）服务的内容和费用违反约定的；

（八）对消费者提出的修理、重作、更换、退货、补足商品数量、退还货款和服务费用或者赔偿损失的要求，故意拖延或者无理拒绝的；

（九）法律、法规规定的其他损害消费者权益的情形。

经营者对消费者未尽到安全保障义务，造成消费者损害的，应当承担侵权责任。

第四十九条 经营者提供商品或者服务，造成消费者或者其他受害人人身伤害的，应当赔偿医疗费、护理费、交通费等为治疗和康复支出的合理费用，以及因误工减少的收入。造成残疾的，还应当赔偿残疾生活辅助具费和残疾赔偿金。造成死亡的，还应当赔偿丧葬费和死亡赔偿金。

第五十条 经营者侵害消费者的人格尊严、侵犯消费者人身自由或者侵害消费者个人信息依法得到保护的权利的，应当停止侵害、恢复名誉、消除影响、赔礼道歉，并赔偿损失。

第五十一条 经营者有侮辱诽谤、搜查身体、侵犯人身自由等侵害消费者或者其他受害人人身权益的行为，造成严重精神损害的，受害人可以要求精神损害赔偿。

第五十二条 经营者提供商品或者服务，造成消费者财产损害的，应当依照法律规定或者当事人约定承担修理、重作、更换、退货、补足商品数量、退还货款和服务费用或者赔偿损失等民事责任。

第五十三条　经营者以预收款方式提供商品或者服务的，应当按照约定提供。未按照约定提供的，应当按照消费者的要求履行约定或者退回预付款；并应当承担预付款的利息、消费者必须支付的合理费用。

第五十四条　依法经有关行政部门认定为不合格的商品，消费者要求退货的，经营者应当负责退货。

第五十五条　经营者提供商品或者服务有欺诈行为的，应当按照消费者的要求增加赔偿其受到的损失，增加赔偿的金额为消费者购买商品的价款或者接受服务的费用的三倍；增加赔偿的金额不足五百元的，为五百元。法律另有规定的，依照其规定。

经营者明知商品或者服务存在缺陷，仍然向消费者提供，造成消费者或者其他受害人死亡或者健康严重损害的，受害人有权要求经营者依照本法第四十九条、第五十一条等法律规定赔偿损失，并有权要求所受损失二倍以下的惩罚性赔偿。

第五十六条　经营者有下列情形之一，除承担相应的民事责任外，其他有关法律、法规对处罚机关和处罚方式有规定的，依照法律、法规的规定执行；法律、法规未作规定的，由工商行政管理部门或者其他有关行政部门责令改正，可以根据情节单处或者并处警告、没收违法所得、处以违法所得一倍以上十倍以下的罚款，没有违法所得的，处以五十万元以下的罚款；情节严重的，责令停业整顿、吊销营业执照：

（一）提供的商品或者服务不符合保障人身、财产安全要求的；

（二）在商品中掺杂、掺假，以假充真，以次充好，或者以不合格商品冒充合格商品的；

（三）生产国家明令淘汰的商品或者销售失效、变质的商品的；

（四）伪造商品的产地，伪造或者冒用他人的厂名、厂址，篡改生产日期，伪造或者冒用认证标志等质量标志的；

（五）销售的商品应当检验、检疫而未检验、检疫或者伪造检验、检疫结果的；

（六）对商品或者服务作虚假或者引人误解的宣传的；

（七）拒绝或者拖延有关行政部门责令对缺陷商品或者服务采取停止销售、警示、召回、无害化处理、销毁、停止生产或者服务等措施的；

（八）对消费者提出的修理、重作、更换、退货、补足商品数量、退还货款和服务费用或者赔偿损失的要求，故意拖延或者无理拒绝的；

（九）侵害消费者人格尊严、侵犯消费者人身自由或者侵害消费者个人信息依法得到保护的权利的；

（十）法律、法规规定的对损害消费者权益应当予以处罚的其他情形。

经营者有前款规定情形的，除依照法律、法规规定予以处罚外，处罚机关应当记入信用档案，向社会公布。

第五十七条 经营者违反本法规定提供商品或者服务，侵害消费者合法权益，构成犯罪的，依法追究刑事责任。

第五十八条 经营者违反本法规定，应当承担民事赔偿责任和缴纳罚款、罚金，其财产不足以同时支付的，先承担民事赔偿责任。

第五十九条 经营者对行政处罚决定不服的，可以依法申请行政复议或者提起行政诉讼。

第六十条 以暴力、威胁等方法阻碍有关行政部门工作人员依法执行职务的，依法追究刑事责任；拒绝、阻碍有关行政部门工作人员依法执行职务，未使用暴力、威胁方法的，由公安机关依照《中华人民共和国治安管理处罚法》的规定处罚。

第六十一条 国家机关工作人员玩忽职守或者包庇经营者侵害消费者合法权益的行为的，由其所在单位或者上级机关给予行政处分；情节严重，构成犯罪的，依法追究刑事责任。

第八章 附 则

第六十二条 农民购买、使用直接用于农业生产的生产资料，参照本法执行。

第六十三条 本法自1994年1月1日起施行。

中华人民共和国行政处罚法

（1996年3月17日第八届全国人民代表大会第四次会议通过 根据2009年8月27日第十一届全国人民代表大会常务委员会第十次会议《关于修改部分法律的决定》第一次修正 根据2017年9月1日第十二届全国人民代表大会常务委员会第二十九次会议《关于修改〈中华人民共和国法官法〉等八部法律的决定》第二次修正）

目 录

第一章　总　　则

第一条　为了规范行政处罚的设定和实施，保障和监督行政机关有效实施行政管理，维护公共利益和社会秩序，保护公民、法人或者其他组织的合法权益，根据宪法，制定本法。

第二条　行政处罚的设定和实施，适用本法。

第三条　公民、法人或者其他组织违反行政管理秩序的行为，应当给予行政处罚的，依照本法由法律、法规或者规章规定，并由行政机关依照本法规定的程序实施。

没有法定依据或者不遵守法定程序的，行政处罚无效。

第四条　行政处罚遵循公正、公开的原则。

设定和实施行政处罚必须以事实为依据，与违法行为的事实、性质、情节以及社会危害程度相当。

对违法行为给予行政处罚的规定必须公布；未经公布的，不得作为行政处罚的依据。

第五条　实施行政处罚，纠正违法行为，应当坚持处罚与教育相结合，教育公民、法人或者其他组织自觉守法。

第六条　公民、法人或者其他组织对行政机关所给予的行政处罚，享有陈述权、申辩权；对行政处罚不服的，有权依法申请行政复议或者提起行政诉讼。

公民、法人或者其他组织因行政机关违法给予行政处罚受到损害的，有权依法提出赔偿要求。

第七条 公民、法人或者其他组织因违法受到行政处罚，其违法行为对他人造成损害的，应当依法承担民事责任。

违法行为构成犯罪，应当依法追究刑事责任，不得以行政处罚代替刑事处罚。

第二章 行政处罚的种类和设定

第八条 行政处罚的种类：

（一）警告；

（二）罚款；

（三）没收违法所得、没收非法财物；

（四）责令停产停业；

（五）暂扣或者吊销许可证、暂扣或者吊销执照；

（六）行政拘留；

（七）法律、行政法规规定的其他行政处罚。

第九条 法律可以设定各种行政处罚。

限制人身自由的行政处罚，只能由法律设定。

第十条 行政法规可以设定除限制人身自由以外的行政处罚。

法律对违法行为已经作出行政处罚规定，行政法规需要作出具体规定的，必须在法律规定的给予行政处罚的行为、种类和幅度的范围内规定。

第十一条 地方性法规可以设定除限制人身自由、吊销企业营业执照以外的行政处罚。

法律、行政法规对违法行为已经作出行政处罚规定，地方性法规需要作出具体规定的，必须在法律、行政法规规定的给予行政处罚的行为、种类和幅度的范围内规定。

第十二条 国务院部、委员会制定的规章可以在法律、行政法规规定的给予行政处罚的行为、种类和幅度的范围内作出具体规定。

尚未制定法律、行政法规的，前款规定的国务院部、委员会制定的规章对违反行政管理秩序的行为，可以设定警告或者一定数量罚款的行政处罚。罚款的限额由国务院规定。

国务院可以授权具有行政处罚权的直属机构依照本条第一款、第二款的规定，规定行政处罚。

第十三条 省、自治区、直辖市人民政府和省、自治区人民政府所在地的市人民政府以及经国务院批准的较大的市人民政府制定的规章可以在法律、法规规定的给予行政处罚的行为、种类和幅度的范围内作出具体规定。

尚未制定法律、法规的，前款规定的人民政府制定的规章对违反行政管理秩序的行为，可以设定警告或者一定数量罚款的行政处罚。罚款的限额由省、自治区、直辖市人民代表大会常务委员会规定。

第十四条 除本法第九条、第十条、第十一条、第十二条以及第十三条的规定外，其他规范性文件不得设定行政处罚。

第三章　行政处罚的实施机关

第十五条 行政处罚由具有行政处罚权的行政机关在法定职权范围内实施。

第十六条 国务院或者经国务院授权的省、自治区、直辖市人民政府可以决定一个行政机关行使有关行政机关的行政处罚权，但限制人身自由的行政处罚权只能由公安机关行使。

第十七条 法律、法规授权的具有管理公共事务职能的组织可以在法定授权范围内实施行政处罚。

第十八条　行政机关依照法律、法规或者规章的规定，可以在其法定权限内委托符合本法第十九条规定条件的组织实施行政处罚。行政机关不得委托其他组织或者个人实施行政处罚。

委托行政机关对受委托的组织实施行政处罚的行为应当负责监督，并对该行为的后果承担法律责任。

受委托组织在委托范围内，以委托行政机关名义实施行政处罚；不得再委托其他任何组织或者个人实施行政处罚。

第十九条　受委托组织必须符合以下条件：

（一）依法成立的管理公共事务的事业组织；

（二）具有熟悉有关法律、法规、规章和业务的工作人员；

（三）对违法行为需要进行技术检查或者技术鉴定的，应当有条件组织进行相应的技术检查或者技术鉴定。

第四章　行政处罚的管辖和适用

第二十条　行政处罚由违法行为发生地的县级以上地方人民政府具有行政处罚权的行政机关管辖。法律、行政法规另有规定的除外。

第二十一条　对管辖发生争议的，报请共同的上一级行政机关指定管辖。

第二十二条　违法行为构成犯罪的，行政机关必须将案件移送司法机关，依法追究刑事责任。

第二十三条　行政机关实施行政处罚时，应当责令当事人改正或者限期改正违法行为。

第二十四条　对当事人的同一个违法行为，不得给予两次以上罚款的行政处罚。

第二十五条 不满十四周岁的人有违法行为的，不予行政处罚，责令监护人加以管教；已满十四周岁不满十八周岁的人有违法行为的，从轻或者减轻行政处罚。

第二十六条 精神病人在不能辨认或者不能控制自己行为时有违法行为的，不予行政处罚，但应当责令其监护人严加看管和治疗。间歇性精神病人在精神正常时有违法行为的，应当给予行政处罚。

第二十七条 当事人有下列情形之一的，应当依法从轻或者减轻行政处罚：

（一）主动消除或者减轻违法行为危害后果的；

（二）受他人胁迫有违法行为的；

（三）配合行政机关查处违法行为有立功表现的；

（四）其他依法从轻或者减轻行政处罚的。

违法行为轻微并及时纠正，没有造成危害后果的，不予行政处罚。

第二十八条 违法行为构成犯罪，人民法院判处拘役或者有期徒刑时，行政机关已经给予当事人行政拘留的，应当依法折抵相应刑期。

违法行为构成犯罪，人民法院判处罚金时，行政机关已经给予当事人罚款的，应当折抵相应罚金。

第二十九条 违法行为在二年内未被发现的，不再给予行政处罚。法律另有规定的除外。

前款规定的期限，从违法行为发生之日起计算；违法行为有连续或者继续状态的，从行为终了之日起计算。

第五章 行政处罚的决定

第三十条 公民、法人或者其他组织违反行政管理秩序的行为，依法应当给予行政处罚的，行政机关必须查明事实；违法事实不清的，不得给予行政处罚。

第三十一条 行政机关在作出行政处罚决定之前，应当告知当事人作出行政处罚决定的事实、理由及依据，并告知当事人依法享有的权利。

第三十二条 当事人有权进行陈述和申辩。行政机关必须充分听取当事人的意见，对当事人提出的事实、理由和证据，应当进行复核；当事人提出的事实、理由或者证据成立的，行政机关应当采纳。

行政机关不得因当事人申辩而加重处罚。

第一节 简易程序

第三十三条 违法事实确凿并有法定依据，对公民处以五十元以下、对法人或者其他组织处以一千元以下罚款或者警告的行政处罚的，可以当场作出行政处罚决定。当事人应当依照本法第四十六条、第四十七条、第四十八条的规定履行行政处罚决定。

第三十四条 执法人员当场作出行政处罚决定的，应当向当事人出示执法身份证件，填写预定格式、编有号码的行政处罚决定书。行政处罚决定书应当当场交付当事人。

前款规定的行政处罚决定书应当载明当事人的违法行为、行政处罚依据、罚款数额、时间、地点以及行政机关名称，并由执法人员签名或者盖章。

执法人员当场作出的行政处罚决定，必须报所属行政机关备案。

第三十五条 当事人对当场作出的行政处罚决定不服的，可以依法申请行政复议或者提起行政诉讼。

第二节 一般程序

第三十六条 除本法第三十三条规定的可以当场作出的行政处罚外，行政机关发现公民、法人或者其他组织有依法应当给予行政处罚的行为的，必须全面、客观、公正地调查，收集有关证据；必要时，依照法律、法规的规定，可以进行检查。

第三十七条 行政机关在调查或者进行检查时，执法人员不得少于两人，并应当向当事人或者有关人员出示证件。当事人或者有关人员应当如实回答询问，并协助调查或者检查，不得阻挠。询问或者检查应当制作笔录。

行政机关在收集证据时，可以采取抽样取证的方法；在证据可能灭失或者以后难以取得的情况下，经行政机关负责人批准，可以先行登记保存，并应当在七日内及时作出处理决定，在此期间，当事人或者有关人员不得销毁或者转移证据。

执法人员与当事人有直接利害关系的，应当回避。

第三十八条 调查终结，行政机关负责人应当对调查结果进行审查，根据不同情况，分别作出如下决定：

（一）确有应受行政处罚的违法行为的，根据情节轻重及具体情况，作出行政处罚决定；

（二）违法行为轻微，依法可以不予行政处罚的，不予行政处罚；

（三）违法事实不能成立的，不得给予行政处罚；

（四）违法行为已构成犯罪的，移送司法机关。

对情节复杂或者重大违法行为给予较重的行政处罚，行政机关的负责人应当集体讨论决定。

在行政机关负责人作出决定之前，应当由从事行政处罚决定审核的人员进行审核。行政机关中初次从事行政处罚决定审核的人员，应当通过国家统一法律职业资格考试取得法律职业资格。

第三十九条 行政机关依照本法第三十八条的规定给予行政处罚，应当制作行政处罚决定书。行政处罚决定书应当载明下列事项：

（一）当事人的姓名或者名称、地址；

（二）违反法律、法规或者规章的事实和证据；

（三）行政处罚的种类和依据；

（四）行政处罚的履行方式和期限；

（五）不服行政处罚决定，申请行政复议或者提起行政诉讼的途径和期限；

（六）作出行政处罚决定的行政机关名称和作出决定的日期。

行政处罚决定书必须盖有作出行政处罚决定的行政机关的印章。

第四十条 行政处罚决定书应当在宣告后当场交付当事人；当事人不在场的，行政机关应当在七日内依照民事诉讼法的有关规定，将行政处罚决定书送达当事人。

第四十一条 行政机关及其执法人员在作出行政处罚决定之前，不依照本法第三十一条、第三十二条的规定向当事人告知给予行政处罚的事实、理由和依据，或者拒绝听取当事人的陈述、申辩，行政处罚决定不能成立；当事人放弃陈述或者申辩权利的除外。

第三节 听证程序

第四十二条 行政机关作出责令停产停业、吊销许可证或者执照、较大数额罚款等行政处罚决定之前，应当告知当事人有要求举行听证的权利；当事人要求听证的，行政机关应当组织听证。当事人不承担行政机关组织听证的费用。听证依照以下程序组织：

（一）当事人要求听证的，应当在行政机关告知后三日内提出；

（二）行政机关应当在听证的七日前，通知当事人举行听证的时间、地点；

（三）除涉及国家秘密、商业秘密或者个人隐私外，听证公开举行；

（四）听证由行政机关指定的非本案调查人员主持；当事人认为主持人与本案有直接利害关系的，有权申请回避；

（五）当事人可以亲自参加听证，也可以委托一至二人代理；

（六）举行听证时，调查人员提出当事人违法的事实、证据和行政处罚建议；当事人进行申辩和质证；

（七）听证应当制作笔录；笔录应当交当事人审核无误后签字或者盖章。

当事人对限制人身自由的行政处罚有异议的，依照治安管理处罚法有关规定执行。

第四十三条 听证结束后，行政机关依照本法第三十八条的规定，作出决定。

第六章 行政处罚的执行

第四十四条 行政处罚决定依法作出后，当事人应当在行政处罚决定的期限内，予以履行。

第四十五条 当事人对行政处罚决定不服申请行政复议或者提起行政诉讼的，行政处罚不停止执行，法律另有规定的除外。

第四十六条 作出罚款决定的行政机关应当与收缴罚款的机构分离。

除依照本法第四十七条、第四十八条的规定当场收缴的罚款外，作出行政处罚决定的行政机关及其执法人员不得自行收缴罚款。

当事人应当自收到行政处罚决定书之日起十五日内，到指定的银行缴纳罚款。银行应当收受罚款，并将罚款直接上缴国库。

第四十七条 依照本法第三十三条的规定当场作出行政处罚决定，有下列情形之一的，执法人员可以当场收缴罚款：

（一）依法给予二十元以下的罚款的；

（二）不当场收缴事后难以执行的。

第四十八条 在边远、水上、交通不便地区，行政机关及其执法人员依照本法第三十三条、第三十八条的规定作出罚款决定后，当事人向指定的银行缴纳罚款确有困难，经当事人提出，行政机关及其执法人员可以当场收缴罚款。

第四十九条　行政机关及其执法人员当场收缴罚款的，必须向当事人出具省、自治区、直辖市财政部门统一制发的罚款收据；不出具财政部门统一制发的罚款收据的，当事人有权拒绝缴纳罚款。

第五十条　执法人员当场收缴的罚款，应当自收缴罚款之日起二日内，交至行政机关；在水上当场收缴的罚款，应当自抵岸之日起二日内交至行政机关；行政机关应当在二日内将罚款缴付指定的银行。

第五十一条　当事人逾期不履行行政处罚决定的，作出行政处罚决定的行政机关可以采取下列措施：

（一）到期不缴纳罚款的，每日按罚款数额的百分之三加处罚款；

（二）根据法律规定，将查封、扣押的财物拍卖或者将冻结的存款划拨抵缴罚款；

（三）申请人民法院强制执行。

第五十二条　当事人确有经济困难，需要延期或者分期缴纳罚款的，经当事人申请和行政机关批准，可以暂缓或者分期缴纳。

第五十三条　除依法应当予以销毁的物品外，依法没收的非法财物必须按照国家规定公开拍卖或者按照国家有关规定处理。

罚款、没收违法所得或者没收非法财物拍卖的款项，必须全部上缴国库，任何行政机关或者个人不得以任何形式截留、私分或者变相私分；财政部门不得以任何形式向作出行政处罚决定的行政机关返还罚款、没收的违法所得或者返还没收非法财物的拍卖款项。

第五十四条　行政机关应当建立健全对行政处罚的监督制度。县级以上人民政府应当加强对行政处罚的监督检查。

公民、法人或者其他组织对行政机关作出的行政处罚，有权申诉或者检举；行政机关应当认真审查，发现行政处罚有错误的，应当主动改正。

第七章 法律责任

第五十五条 行政机关实施行政处罚，有下列情形之一的，由上级行政机关或者有关部门责令改正，可以对直接负责的主管人员和其他直接责任人员依法给予行政处分：

（一）没有法定的行政处罚依据的；

（二）擅自改变行政处罚种类、幅度的；

（三）违反法定的行政处罚程序的；

（四）违反本法第十八条关于委托处罚的规定的。

第五十六条 行政机关对当事人进行处罚不使用罚款、没收财物单据或者使用非法定部门制发的罚款、没收财物单据的，当事人有权拒绝处罚，并有权予以检举。上级行政机关或者有关部门对使用的非法单据予以收缴销毁，对直接负责的主管人员和其他直接责任人员依法给予行政处分。

第五十七条 行政机关违反本法第四十六条的规定自行收缴罚款的，财政部门违反本法第五十三条的规定向行政机关返还罚款或者拍卖款项的，由上级行政机关或者有关部门责令改正，对直接负责的主管人员和其他直接责任人员依法给予行政处分。

第五十八条 行政机关将罚款、没收的违法所得或者财物截留、私分或者变相私分的，由财政部门或者有关部门予以追缴，对直接负责的主管人员和其他直接责任人员依法给予行政处分；情节严重构成犯罪的，依法追究刑事责任。

执法人员利用职务上的便利，索取或者收受他人财物、收缴罚款据为己有，构成犯罪的，依法追究刑事责任；情节轻微不构成犯罪的，依法给予行政处分。

第五十九条　行政机关使用或者损毁扣押的财物，对当事人造成损失的，应当依法予以赔偿，对直接负责的主管人员和其他直接责任人员依法给予行政处分。

第六十条　行政机关违法实行检查措施或者执行措施，给公民人身或者财产造成损害、给法人或者其他组织造成损失的，应当依法予以赔偿，对直接负责的主管人员和其他直接责任人员依法给予行政处分；情节严重构成犯罪的，依法追究刑事责任。

第六十一条　行政机关为牟取本单位私利，对应当依法移交司法机关追究刑事责任的不移交，以行政处罚代替刑罚，由上级行政机关或者有关部门责令纠正；拒不纠正的，对直接负责的主管人员给予行政处分；徇私舞弊、包庇纵容违法行为的，依照刑法有关规定追究刑事责任。

第六十二条　执法人员玩忽职守，对应当予以制止和处罚的违法行为不予制止、处罚，致使公民、法人或者其他组织的合法权益、公共利益和社会秩序遭受损害的，对直接负责的主管人员和其他直接责任人员依法给予行政处分；情节严重构成犯罪的，依法追究刑事责任。

第八章　附　　则

第六十三条　本法第四十六条罚款决定与罚款收缴分离的规定，由国务院制定具体实施办法。

第六十四条　本法自 1996 年 10 月 1 日起施行。

本法公布前制定的法规和规章关于行政处罚的规定与本法不符合的，应当自本法公布之日起，依照本法规定予以修订，在 1997 年 12 月 31 日前修订完毕。

中华人民共和国行政强制法

（2011年6月30日第十一届全国人民代表大会常务委员会第二十一次会议通过　2011年6月30日中华人民共和国主席令第49号公布　自2012年1月1日起施行）

目　　录

第一章　总　　则

第一条　为了规范行政强制的设定和实施，保障和监督行政机关依法履行职责，维护公共利益和社会秩序，保护公民、法人和其他组织的合法权益，根据宪法，制定本法。

第二条　本法所称行政强制，包括行政强制措施和行政强制执行。

行政强制措施，是指行政机关在行政管理过程中，为制止违法行为、防止证据损毁、避免危害发生、控制危险扩大等情形，依法对公民的人身自由实施暂时性限制，或者对公民、法人或者其他组织的财物实施暂时性控制的行为。

行政强制执行，是指行政机关或者行政机关申请人民法院，对不履行行政决定的公民、法人或者其他组织，依法强制履行义务的行为。

第三条　行政强制的设定和实施，适用本法。

发生或者即将发生自然灾害、事故灾难、公共卫生事件或者社会安全事件等突发事件，行政机关采取应急措施或者临时措施，依照有关法律、行政法规的规定执行。

行政机关采取金融业审慎监管措施、进出境货物强制性技术监控措施，依照有关法律、行政法规的规定执行。

第四条　行政强制的设定和实施，应当依照法定的权限、范围、条件和程序。

第五条　行政强制的设定和实施，应当适当。采用非强制手段可以达到行政管理目的的，不得设定和实施行政强制。

第六条　实施行政强制，应当坚持教育与强制相结合。

第七条　行政机关及其工作人员不得利用行政强制权为单位或者个人谋取利益。

第八条　公民、法人或者其他组织对行政机关实施行政强制，享有陈述权、申辩权；有权依法申请行政复议或者提起行政诉讼；因行政机关违法实施行政强制受到损害的，有权依法要求赔偿。

公民、法人或者其他组织因人民法院在强制执行中有违法行为或者扩大强制执行范围受到损害的，有权依法要求赔偿。

第二章 行政强制的种类和设定

第九条 行政强制措施的种类：

（一）限制公民人身自由；

（二）查封场所、设施或者财物；

（三）扣押财物；

（四）冻结存款、汇款；

（五）其他行政强制措施。

第十条 行政强制措施由法律设定。

尚未制定法律，且属于国务院行政管理职权事项的，行政法规可以设定除本法第九条第一项、第四项和应当由法律规定的行政强制措施以外的其他行政强制措施。

尚未制定法律、行政法规，且属于地方性事务的，地方性法规可以设定本法第九条第二项、第三项的行政强制措施。

法律、法规以外的其他规范性文件不得设定行政强制措施。

第十一条 法律对行政强制措施的对象、条件、种类作了规定的，行政法规、地方性法规不得作出扩大规定。

法律中未设定行政强制措施的，行政法规、地方性法规不得设定行政强制措施。但是，法律规定特定事项由行政法规规定具体管理措施的，行政法规可以设定除本法第九条第一项、第四项和应当由法律规定的行政强制措施以外的其他行政强制措施。

第十二条 行政强制执行的方式：

（一）加处罚款或者滞纳金；

（二）划拨存款、汇款；

（三）拍卖或者依法处理查封、扣押的场所、设施或者财物；

（四）排除妨碍、恢复原状；

（五）代履行；

（六）其他强制执行方式。

第十三条　行政强制执行由法律设定。

法律没有规定行政机关强制执行的，作出行政决定的行政机关应当申请人民法院强制执行。

第十四条　起草法律草案、法规草案，拟设定行政强制的，起草单位应当采取听证会、论证会等形式听取意见，并向制定机关说明设定该行政强制的必要性、可能产生的影响以及听取和采纳意见的情况。

第十五条　行政强制的设定机关应当定期对其设定的行政强制进行评价，并对不适当的行政强制及时予以修改或者废止。

行政强制的实施机关可以对已设定的行政强制的实施情况及存在的必要性适时进行评价，并将意见报告该行政强制的设定机关。

公民、法人或者其他组织可以向行政强制的设定机关和实施机关就行政强制的设定和实施提出意见和建议。有关机关应当认真研究论证，并以适当方式予以反馈。

第三章　行政强制措施实施程序

第一节　一般规定

第十六条　行政机关履行行政管理职责，依照法律、法规的规定，实施行政强制措施。

违法行为情节显著轻微或者没有明显社会危害的，可以不采取行政强制措施。

第十七条 行政强制措施由法律、法规规定的行政机关在法定职权范围内实施。行政强制措施权不得委托。

依据《中华人民共和国行政处罚法》的规定行使相对集中行政处罚权的行政机关，可以实施法律、法规规定的与行政处罚权有关的行政强制措施。

行政强制措施应当由行政机关具备资格的行政执法人员实施，其他人员不得实施。

第十八条 行政机关实施行政强制措施应当遵守下列规定：

（一）实施前须向行政机关负责人报告并经批准；

（二）由两名以上行政执法人员实施；

（三）出示执法身份证件；

（四）通知当事人到场；

（五）当场告知当事人采取行政强制措施的理由、依据以及当事人依法享有的权利、救济途径；

（六）听取当事人的陈述和申辩；

（七）制作现场笔录；

（八）现场笔录由当事人和行政执法人员签名或者盖章，当事人拒绝的，在笔录中予以注明；

（九）当事人不到场的，邀请见证人到场，由见证人和行政执法人员在现场笔录上签名或者盖章；

（十）法律、法规规定的其他程序。

第十九条 情况紧急，需要当场实施行政强制措施的，行政执法人员应当在二十四小时内向行政机关负责人报告，并补办批准手续。行政机关负责人认为不应当采取行政强制措施的，应当立即解除。

第二十条 依照法律规定实施限制公民人身自由的行政强制措施，除应当履行本法第十八条规定的程序外，还应当遵守下列规定：

（一）当场告知或者实施行政强制措施后立即通知当事人家属实

施行政强制措施的行政机关、地点和期限；

（二）在紧急情况下当场实施行政强制措施的，在返回行政机关后，立即向行政机关负责人报告并补办批准手续；

（三）法律规定的其他程序。

实施限制人身自由的行政强制措施不得超过法定期限。实施行政强制措施的目的已经达到或者条件已经消失，应当立即解除。

第二十一条 违法行为涉嫌犯罪应当移送司法机关的，行政机关应当将查封、扣押、冻结的财物一并移送，并书面告知当事人。

第二节 查封、扣押

第二十二条 查封、扣押应当由法律、法规规定的行政机关实施，其他任何行政机关或者组织不得实施。

第二十三条 查封、扣押限于涉案的场所、设施或者财物，不得查封、扣押与违法行为无关的场所、设施或者财物；不得查封、扣押公民个人及其所扶养家属的生活必需品。

当事人的场所、设施或者财物已被其他国家机关依法查封的，不得重复查封。

第二十四条 行政机关决定实施查封、扣押的，应当履行本法第十八条规定的程序，制作并当场交付查封、扣押决定书和清单。

查封、扣押决定书应当载明下列事项：

（一）当事人的姓名或者名称、地址；

（二）查封、扣押的理由、依据和期限；

（三）查封、扣押场所、设施或者财物的名称、数量等；

（四）申请行政复议或者提起行政诉讼的途径和期限；

（五）行政机关的名称、印章和日期。

查封、扣押清单一式二份，由当事人和行政机关分别保存。

第二十五条 查封、扣押的期限不得超过三十日；情况复杂的，经行政机关负责人批准，可以延长，但是延长期限不得超过三十日。法律、行政法规另有规定的除外。

延长查封、扣押的决定应当及时书面告知当事人，并说明理由。

对物品需要进行检测、检验、检疫或者技术鉴定的，查封、扣押的期间不包括检测、检验、检疫或者技术鉴定的期间。检测、检验、检疫或者技术鉴定的期间应当明确，并书面告知当事人。检测、检验、检疫或者技术鉴定的费用由行政机关承担。

第二十六条 对查封、扣押的场所、设施或者财物，行政机关应当妥善保管，不得使用或者损毁；造成损失的，应当承担赔偿责任。

对查封的场所、设施或者财物，行政机关可以委托第三人保管，第三人不得损毁或者擅自转移、处置。因第三人的原因造成的损失，行政机关先行赔付后，有权向第三人追偿。

因查封、扣押发生的保管费用由行政机关承担。

第二十七条 行政机关采取查封、扣押措施后，应当及时查清事实，在本法第二十五条规定的期限内作出处理决定。对违法事实清楚，依法应当没收的非法财物予以没收；法律、行政法规规定应当销毁的，依法销毁；应当解除查封、扣押的，作出解除查封、扣押的决定。

第二十八条 有下列情形之一的，行政机关应当及时作出解除查封、扣押决定：

（一）当事人没有违法行为；

（二）查封、扣押的场所、设施或者财物与违法行为无关；

（三）行政机关对违法行为已经作出处理决定，不再需要查封、扣押；

（四）查封、扣押期限已经届满；

（五）其他不再需要采取查封、扣押措施的情形。

解除查封、扣押应当立即退还财物；已将鲜活物品或者其他不易保管的财物拍卖或者变卖的，退还拍卖或者变卖所得款项。变卖价格明显低于市场价格，给当事人造成损失的，应当给予补偿。

第三节　冻　　结

第二十九条　冻结存款、汇款应当由法律规定的行政机关实施，不得委托给其他行政机关或者组织；其他任何行政机关或者组织不得冻结存款、汇款。

冻结存款、汇款的数额应当与违法行为涉及的金额相当；已被其他国家机关依法冻结的，不得重复冻结。

第三十条　行政机关依照法律规定决定实施冻结存款、汇款的，应当履行本法第十八条第一项、第二项、第三项、第七项规定的程序，并向金融机构交付冻结通知书。

金融机构接到行政机关依法作出的冻结通知书后，应当立即予以冻结，不得拖延，不得在冻结前向当事人泄露信息。

法律规定以外的行政机关或者组织要求冻结当事人存款、汇款的，金融机构应当拒绝。

第三十一条　依照法律规定冻结存款、汇款的，作出决定的行政机关应当在三日内向当事人交付冻结决定书。冻结决定书应当载明下列事项：

（一）当事人的姓名或者名称、地址；

（二）冻结的理由、依据和期限；

（三）冻结的账号和数额；

（四）申请行政复议或者提起行政诉讼的途径和期限；

（五）行政机关的名称、印章和日期。

第三十二条　自冻结存款、汇款之日起三十日内，行政机关应当作出处理决定或者作出解除冻结决定；情况复杂的，经行政机关负责人批准，可以延长，但是延长期限不得超过三十日。法律另有规定的除外。

延长冻结的决定应当及时书面告知当事人，并说明理由。

第三十三条 有下列情形之一的，行政机关应当及时作出解除冻结决定：

（一）当事人没有违法行为；

（二）冻结的存款、汇款与违法行为无关；

（三）行政机关对违法行为已经作出处理决定，不再需要冻结；

（四）冻结期限已经届满；

（五）其他不再需要采取冻结措施的情形。

行政机关作出解除冻结决定的，应当及时通知金融机构和当事人。金融机构接到通知后，应当立即解除冻结。

行政机关逾期未作出处理决定或者解除冻结决定的，金融机构应当自冻结期满之日起解除冻结。

第四章 行政机关强制执行程序

第一节 一般规定

第三十四条 行政机关依法作出行政决定后，当事人在行政机关决定的期限内不履行义务的，具有行政强制执行权的行政机关依照本章规定强制执行。

第三十五条 行政机关作出强制执行决定前，应当事先催告当事人履行义务。催告应当以书面形式作出，并载明下列事项：

（一）履行义务的期限；

（二）履行义务的方式；

（三）涉及金钱给付的，应当有明确的金额和给付方式；

（四）当事人依法享有的陈述权和申辩权。

第三十六条　当事人收到催告书后有权进行陈述和申辩。行政机关应当充分听取当事人的意见，对当事人提出的事实、理由和证据，应当进行记录、复核。当事人提出的事实、理由或者证据成立的，行政机关应当采纳。

第三十七条　经催告，当事人逾期仍不履行行政决定，且无正当理由的，行政机关可以作出强制执行决定。

强制执行决定应当以书面形式作出，并载明下列事项：

（一）当事人的姓名或者名称、地址；

（二）强制执行的理由和依据；

（三）强制执行的方式和时间；

（四）申请行政复议或者提起行政诉讼的途径和期限；

（五）行政机关的名称、印章和日期。

在催告期间，对有证据证明有转移或者隐匿财物迹象的，行政机关可以作出立即强制执行决定。

第三十八条　催告书、行政强制执行决定书应当直接送达当事人。当事人拒绝接收或者无法直接送达当事人的，应当依照《中华人民共和国民事诉讼法》的有关规定送达。

第三十九条　有下列情形之一的，中止执行：

（一）当事人履行行政决定确有困难或者暂无履行能力的；

（二）第三人对执行标的主张权利，确有理由的；

（三）执行可能造成难以弥补的损失，且中止执行不损害公共利益的；

（四）行政机关认为需要中止执行的其他情形。

中止执行的情形消失后，行政机关应当恢复执行。对没有明显社会危害，当事人确无能力履行，中止执行满三年未恢复执行的，行政机关不再执行。

第四十条 有下列情形之一的，终结执行：

（一）公民死亡，无遗产可供执行，又无义务承受人的；

（二）法人或者其他组织终止，无财产可供执行，又无义务承受人的；

（三）执行标的灭失的；

（四）据以执行的行政决定被撤销的；

（五）行政机关认为需要终结执行的其他情形。

第四十一条 在执行中或者执行完毕后，据以执行的行政决定被撤销、变更，或者执行错误的，应当恢复原状或者退还财物；不能恢复原状或者退还财物的，依法给予赔偿。

第四十二条 实施行政强制执行，行政机关可以在不损害公共利益和他人合法权益的情况下，与当事人达成执行协议。执行协议可以约定分阶段履行；当事人采取补救措施的，可以减免加处的罚款或者滞纳金。

执行协议应当履行。当事人不履行执行协议的，行政机关应当恢复强制执行。

第四十三条 行政机关不得在夜间或者法定节假日实施行政强制执行。但是，情况紧急的除外。

行政机关不得对居民生活采取停止供水、供电、供热、供燃气等方式迫使当事人履行相关行政决定。

第四十四条 对违法的建筑物、构筑物、设施等需要强制拆除的，应当由行政机关予以公告，限期当事人自行拆除。当事人在法定期限内不申请行政复议或者提起行政诉讼，又不拆除的，行政机关可以依法强制拆除。

第二节　金钱给付义务的执行

第四十五条　行政机关依法作出金钱给付义务的行政决定，当事人逾期不履行的，行政机关可以依法加处罚款或者滞纳金。加处罚款或者滞纳金的标准应当告知当事人。

加处罚款或者滞纳金的数额不得超出金钱给付义务的数额。

第四十六条　行政机关依照本法第四十五条规定实施加处罚款或者滞纳金超过三十日，经催告当事人仍不履行的，具有行政强制执行权的行政机关可以强制执行。

行政机关实施强制执行前，需要采取查封、扣押、冻结措施的，依照本法第三章规定办理。

没有行政强制执行权的行政机关应当申请人民法院强制执行。但是，当事人在法定期限内不申请行政复议或者提起行政诉讼，经催告仍不履行的，在实施行政管理过程中已经采取查封、扣押措施的行政机关，可以将查封、扣押的财物依法拍卖抵缴罚款。

第四十七条　划拨存款、汇款应当由法律规定的行政机关决定，并书面通知金融机构。金融机构接到行政机关依法作出划拨存款、汇款的决定后，应当立即划拨。

法律规定以外的行政机关或者组织要求划拨当事人存款、汇款的，金融机构应当拒绝。

第四十八条　依法拍卖财物，由行政机关委托拍卖机构依照《中华人民共和国拍卖法》的规定办理。

第四十九条　划拨的存款、汇款以及拍卖和依法处理所得的款项应当上缴国库或者划入财政专户。任何行政机关或者个人不得以任何形式截留、私分或者变相私分。

第三节 代 履 行

第五十条 行政机关依法作出要求当事人履行排除妨碍、恢复原状等义务的行政决定，当事人逾期不履行，经催告仍不履行，其后果已经或者将危害交通安全、造成环境污染或者破坏自然资源的，行政机关可以代履行，或者委托没有利害关系的第三人代履行。

第五十一条 代履行应当遵守下列规定：

（一）代履行前送达决定书，代履行决定书应当载明当事人的姓名或者名称、地址，代履行的理由和依据、方式和时间、标的、费用预算以及代履行人；

（二）代履行三日前，催告当事人履行，当事人履行的，停止代履行；

（三）代履行时，作出决定的行政机关应当派员到场监督；

（四）代履行完毕，行政机关到场监督的工作人员、代履行人和当事人或者见证人应当在执行文书上签名或者盖章。

代履行的费用按照成本合理确定，由当事人承担。但是，法律另有规定的除外。

代履行不得采用暴力、胁迫以及其他非法方式。

第五十二条 需要立即清除道路、河道、航道或者公共场所的遗洒物、障碍物或者污染物，当事人不能清除的，行政机关可以决定立即实施代履行；当事人不在场的，行政机关应当在事后立即通知当事人，并依法作出处理。

第五章 申请人民法院强制执行

第五十三条 当事人在法定期限内不申请行政复议或者提起行政

诉讼，又不履行行政决定的，没有行政强制执行权的行政机关可以自期限届满之日起三个月内，依照本章规定申请人民法院强制执行。

第五十四条 行政机关申请人民法院强制执行前，应当催告当事人履行义务。催告书送达十日后当事人仍未履行义务的，行政机关可以向所在地有管辖权的人民法院申请强制执行；执行对象是不动产的，向不动产所在地有管辖权的人民法院申请强制执行。

第五十五条 行政机关向人民法院申请强制执行，应当提供下列材料：

（一）强制执行申请书；

（二）行政决定书及作出决定的事实、理由和依据；

（三）当事人的意见及行政机关催告情况；

（四）申请强制执行标的情况；

（五）法律、行政法规规定的其他材料。

强制执行申请书应当由行政机关负责人签名，加盖行政机关的印章，并注明日期。

第五十六条 人民法院接到行政机关强制执行的申请，应当在五日内受理。

行政机关对人民法院不予受理的裁定有异议的，可以在十五日内向上一级人民法院申请复议，上一级人民法院应当自收到复议申请之日起十五日内作出是否受理的裁定。

第五十七条 人民法院对行政机关强制执行的申请进行书面审查，对符合本法第五十五条规定，且行政决定具备法定执行效力的，除本法第五十八条规定的情形外，人民法院应当自受理之日起七日内作出执行裁定。

第五十八条 人民法院发现有下列情形之一的，在作出裁定前可以听取被执行人和行政机关的意见：

（一）明显缺乏事实根据的；

（二）明显缺乏法律、法规依据的；

（三）其他明显违法并损害被执行人合法权益的。

人民法院应当自受理之日起三十日内作出是否执行的裁定。裁定不予执行的，应当说明理由，并在五日内将不予执行的裁定送达行政机关。

行政机关对人民法院不予执行的裁定有异议的，可以自收到裁定之日起十五日内向上一级人民法院申请复议，上一级人民法院应当自收到复议申请之日起三十日内作出是否执行的裁定。

第五十九条 因情况紧急，为保障公共安全，行政机关可以申请人民法院立即执行。经人民法院院长批准，人民法院应当自作出执行裁定之日起五日内执行。

第六十条 行政机关申请人民法院强制执行，不缴纳申请费。强制执行的费用由被执行人承担。

人民法院以划拨、拍卖方式强制执行的，可以在划拨、拍卖后将强制执行的费用扣除。

依法拍卖财物，由人民法院委托拍卖机构依照《中华人民共和国拍卖法》的规定办理。

划拨的存款、汇款以及拍卖和依法处理所得的款项应当上缴国库或者划入财政专户，不得以任何形式截留、私分或者变相私分。

第六章 法律责任

第六十一条 行政机关实施行政强制，有下列情形之一的，由上级行政机关或者有关部门责令改正，对直接负责的主管人员和其他直接责任人员依法给予处分：

（一）没有法律、法规依据的；

（二）改变行政强制对象、条件、方式的；

（三）违反法定程序实施行政强制的；

（四）违反本法规定，在夜间或者法定节假日实施行政强制执行的；

（五）对居民生活采取停止供水、供电、供热、供燃气等方式迫使当事人履行相关行政决定的；

（六）有其他违法实施行政强制情形的。

第六十二条 违反本法规定，行政机关有下列情形之一的，由上级行政机关或者有关部门责令改正，对直接负责的主管人员和其他直接责任人员依法给予处分：

（一）扩大查封、扣押、冻结范围的；

（二）使用或者损毁查封、扣押场所、设施或者财物的；

（三）在查封、扣押法定期间不作出处理决定或者未依法及时解除查封、扣押的；

（四）在冻结存款、汇款法定期间不作出处理决定或者未依法及时解除冻结的。

第六十三条 行政机关将查封、扣押的财物或者划拨的存款、汇款以及拍卖和依法处理所得的款项，截留、私分或者变相私分的，由财政部门或者有关部门予以追缴；对直接负责的主管人员和其他直接责任人员依法给予记大过、降级、撤职或者开除的处分。

行政机关工作人员利用职务上的便利，将查封、扣押的场所、设施或者财物据为己有的，由上级行政机关或者有关部门责令改正，依法给予记大过、降级、撤职或者开除的处分。

第六十四条 行政机关及其工作人员利用行政强制权为单位或者个人谋取利益的，由上级行政机关或者有关部门责令改正，对直接负责的主管人员和其他直接责任人员依法给予处分。

第六十五条 违反本法规定，金融机构有下列行为之一的，由金融业监督管理机构责令改正，对直接负责的主管人员和其他直接责任人员依法给予处分：

（一）在冻结前向当事人泄露信息的；

（二）对应当立即冻结、划拨的存款、汇款不冻结或者不划拨，致使存款、汇款转移的；

（三）将不应当冻结、划拨的存款、汇款予以冻结或者划拨的；

（四）未及时解除冻结存款、汇款的。

第六十六条 违反本法规定，金融机构将款项划入国库或者财政专户以外的其他账户的，由金融业监督管理机构责令改正，并处以违法划拨款项二倍的罚款；对直接负责的主管人员和其他直接责任人员依法给予处分。

违反本法规定，行政机关、人民法院指令金融机构将款项划入国库或者财政专户以外的其他账户的，对直接负责的主管人员和其他直接责任人员依法给予处分。

第六十七条 人民法院及其工作人员在强制执行中有违法行为或者扩大强制执行范围的，对直接负责的主管人员和其他直接责任人员依法给予处分。

第六十八条 违反本法规定，给公民、法人或者其他组织造成损失的，依法给予赔偿。

违反本法规定，构成犯罪的，依法追究刑事责任。

第七章　附　　则

第六十九条 本法中十日以内期限的规定是指工作日，不含法定节假日。

第七十条 法律、行政法规授权的具有管理公共事务职能的组织在法定授权范围内，以自己的名义实施行政强制，适用本法有关行政机关的规定。

第七十一条　本法自2012年1月1日起施行。

规范互联网信息服务市场秩序若干规定

（2011年12月29日工业和信息化部令第20号公布　自2012年3月15日起施行）

第一条　为了规范互联网信息服务市场秩序，保护互联网信息服务提供者和用户的合法权益，促进互联网行业的健康发展，根据《中华人民共和国电信条例》、《互联网信息服务管理办法》等法律、行政法规的规定，制定本规定。

第二条　在中华人民共和国境内从事互联网信息服务及与互联网信息服务有关的活动，应当遵守本规定。

第三条　工业和信息化部和各省、自治区、直辖市通信管理局（以下统称“电信管理机构”）依法对互联网信息服务活动实施监督管理。

第四条　互联网信息服务提供者应当遵循平等、自愿、公平、诚信的原则提供服务。

第五条　互联网信息服务提供者不得实施下列侵犯其他互联网信息服务提供者合法权益的行为：

（一）恶意干扰用户终端上其他互联网信息服务提供者的服务，或者恶意干扰与互联网信息服务相关的软件等产品（“与互联网信息服务相关的软件等产品”以下简称“产品”）的下载、安装、运行和升级；

（二）捏造、散布虚假事实损害其他互联网信息服务提供者的合法权益，或者诋毁其他互联网信息服务提供者的服务或者产品；

（三）恶意对其他互联网信息服务提供者的服务或者产品实施不兼容；

（四）欺骗、误导或者强迫用户使用或者不使用其他互联网信息服务提供者的服务或者产品；

（五）恶意修改或者欺骗、误导、强迫用户修改其他互联网信息服务提供者的服务或者产品参数；

（六）其他违反国家法律规定，侵犯其他互联网信息服务提供者合法权益的行为。

第六条 对互联网信息服务提供者的服务或者产品进行评测，应当客观公正。

评测方公开或者向用户提供评测结果的，应当同时提供评测实施者、评测方法、数据来源、用户原始评价、评测手段和评测环境等与评测活动相关的信息。评测结果应当真实准确，与评测活动相关的信息应当完整全面。被评测的服务或者产品与评测方的服务或者产品相同或者功能类似的，评测结果中不得含有评测方的主观评价。

被评测方对评测结果有异议的，可以自行或者委托第三方就评测结果进行再评测，评测方应当予以配合。

评测方不得利用评测结果，欺骗、误导、强迫用户对被评测方的服务或者产品作出处置。

本规定所称评测，是指提供平台供用户评价，或者以其他方式对互联网信息服务或者产品的性能等进行评价和测试。

第七条 互联网信息服务提供者不得实施下列侵犯用户合法权益的行为：

（一）无正当理由拒绝、拖延或者中止向用户提供互联网信息服务或者产品；

（二）无正当理由限定用户使用或者不使用其指定的互联网信息服务或者产品；

（三）以欺骗、误导或者强迫等方式向用户提供互联网信息服务或者产品；

（四）提供的互联网信息服务或者产品与其向用户所作的宣传或者承诺不符；

（五）擅自改变服务协议或者业务规程，降低服务质量或者加重用户责任；

（六）与其他互联网信息服务提供者的服务或者产品不兼容时，未主动向用户提示和说明；

（七）未经提示并由用户主动选择同意，修改用户浏览器配置或者其他设置；

（八）其他违反国家法律规定，侵犯用户合法权益的行为。

第八条　互联网信息服务提供者在用户终端上进行软件下载、安装、运行、升级、卸载等操作的，应当提供明确、完整的软件功能等信息，并事先征得用户同意。

互联网信息服务提供者不得实施下列行为：

（一）欺骗、误导或者强迫用户下载、安装、运行、升级、卸载软件；

（二）未提供与软件安装方式同等或者更便捷的卸载方式；

（三）在未受其他软件影响和人为破坏的情况下，未经用户主动选择同意，软件卸载后有可执行代码或者其他不必要的文件驻留在用户终端。

第九条　互联网信息服务终端软件捆绑其他软件的，应当以显著的方式提示用户，由用户主动选择是否安装或者使用，并提供独立的卸载或者关闭方式，不得附加不合理条件。

第十条　互联网信息服务提供者在用户终端弹出广告或者其他与

终端软件功能无关的信息窗口的，应当以显著的方式向用户提供关闭或者退出窗口的功能标识。

第十一条 未经用户同意，互联网信息服务提供者不得收集与用户相关、能够单独或者与其他信息结合识别用户的信息（以下简称“用户个人信息”），不得将用户个人信息提供给他人，但是法律、行政法规另有规定的除外。

互联网信息服务提供者经用户同意收集用户个人信息的，应当明确告知用户收集和处理用户个人信息的方式、内容和用途，不得收集其提供服务所必需以外的信息，不得将用户个人信息用于其提供服务之外的目的。

第十二条 互联网信息服务提供者应当妥善保管用户个人信息；保管的用户个人信息泄露或者可能泄露时，应当立即采取补救措施；造成或者可能造成严重后果的，应当立即向准予其互联网信息服务许可或者备案的电信管理机构报告，并配合相关部门进行的调查处理。

第十三条 互联网信息服务提供者应当加强系统安全防护，依法维护用户上载信息的安全，保障用户对上载信息的使用、修改和删除。

互联网信息服务提供者不得有下列行为：

（一）无正当理由擅自修改或者删除用户上载信息；

（二）未经用户同意，向他人提供用户上载信息，但是法律、行政法规另有规定的除外；

（三）擅自或者假借用户名义转移用户上载信息，或者欺骗、误导、强迫用户转移其上载信息；

（四）其他危害用户上载信息安全的行为。

第十四条 互联网信息服务提供者应当以显著的方式公布有效联系方式，接受用户及其他互联网信息服务提供者的投诉，并自接到投诉之日起十五日内作出答复。

第十五条 互联网信息服务提供者认为其他互联网信息服务提供

者实施违反本规定的行为，侵犯其合法权益并对用户权益造成或者可能造成重大影响的，应当立即向准予该其他互联网信息服务提供者互联网信息服务许可或者备案的电信管理机构报告。

电信管理机构应当对报告或者发现的可能违反本规定的行为的影响进行评估；影响特别重大的，相关省、自治区、直辖市通信管理局应当向工业和信息化部报告。电信管理机构在依据本规定作出处理决定前，可以要求互联网信息服务提供者暂停有关行为，互联网信息服务提供者应当执行。

第十六条　互联网信息服务提供者违反本规定第五条、第七条或者第十三条的规定，由电信管理机构依据职权责令改正，处以警告，可以并处一万元以上三万元以下的罚款，向社会公告；其中，《中华人民共和国电信条例》或者《互联网信息服务管理办法》规定法律责任的，依照其规定处理。

第十七条　评测方违反本规定第六条的规定的，由电信管理机构依据职权处以警告，可以并处一万元以上三万元以下的罚款，向社会公告。

第十八条　互联网信息服务提供者违反本规定第八条、第九条、第十条、第十一条、第十二条或者第十四条的规定的，由电信管理机构依据职权处以警告，可以并处一万元以上三万元以下的罚款，向社会公告。

第十九条　互联网信息服务提供者违反本规定第十五条规定，不执行电信管理机构暂停有关行为的要求的，由电信管理机构依据职权处以警告，向社会公告。

第二十条　互联网信息服务提供者违反其他法律、行政法规规定的，依照其规定处理。

第二十一条　本规定自 2012 年 3 月 15 日起施行。

图书在版编目（CIP）数据

中华人民共和国反不正当竞争法学习问答／王翔主编．
—北京：中国法制出版社，2017.12
ISBN 978－7－5093－7501－3

Ⅰ.①中…　Ⅱ.①王…　Ⅲ.①反不正当竞争法－中国－学习参考资料　Ⅳ.①D922.294.4

中国版本图书馆 CIP 数据核字（2017）第 310094 号

策划编辑：谢　雯　　责任编辑：谢　雯　　封面设计：李　宁

中华人民共和国反不正当竞争法学习问答

ZHONGHUA RENMIN GONGHEGUO FANBUZHENGDANG JINGZHENGFA XUEXI WENDA

主编／王翔
经销／新华书店
印刷／三河市紫恒印装有限公司
开本／880 毫米×1230 毫米　32 开　　印张／6　字数／110 千
版次／2017 年 12 月第 1 版　　2017 年 12 月第 1 次印刷

中国法制出版社出版
书号 ISBN 978－7－5093－7501－3　　定价：32.00 元

北京西单横二条 2 号
邮政编码 100031　　传真：66031119
网址：http：//www.zgfzs.com　　**编辑部电话：66010493**
市场营销部电话：66033393　　**邮购部电话：66033288**

（如有印装质量问题，请与本社编务印务管理部联系调换。电话：010－66032926）